POEMS AND ANTIPOEMS

Translators

Fernando Alegría
Lawrence Ferlinghetti
Allen Ginsberg
James Laughlin
Denise Levertov
Thomas Merton
W. S. Merwin
Patricia Rachal
Miller Williams
William Carlos Williams

Nicanor Parra

POEMS AND ANTIPOEMS

Edited by Miller Williams

A New Directions Book

Library of Congress catalog card number: 67–23489

Poemas y Antipoemas and *Versos de Salon* were first published by Editorial Nascimento, Santiago de Chile. *Canciones Rusas* was first published by Editorial Joaquin Mortiz, Mexico City. Nicanor Parra's first book publication in the United States was a selection of *Antipoems* in Lawrence Ferlinghetti's City Lights "Pocket Poets" Series, San Francisco.

Grateful acknowledgment is extended to *Chelsea, City Lights Journal, Chicago Review, Motive, New World Writing,* and *Shenandoah,* where a number of these translations have previously appeared.

The translation of poetry for this volume was assisted by a grant from The Inter-American Foundation for the Arts.

Manufactured in the United States of America.

Published simultaneously in Canada by McClelland and Stewart, Ltd.

New Directions Books are published for James Laughlin
by New Directions Publishing Corporation,
333 Sixth Avenue, New York 10014

CONTENTS

from CANCIONES RUSAS (1963–1964)

from EJERCICIOS RESPIRATORIOS (1964–1966)

INTRODUCTION

Nicanor Parra is doing in Spanish poetry very much what Whitman did in English over a hundred years ago, and with much the same reaction, but this is not to say by any means that the poetry of Parra is not of our times: I cannot think of any writing which has belonged more to its moment than Parra's poetry belongs to ours; a sense of the unspeakable and a comedy shout through the lines every time they are read.

"Those gross, brutish, idle odes," wrote Pablo de Rokha of a new turn in Spanish poetry, "drawn from Zoology and Botany with premeditations and awareness of the act, such as the *Canto General* [of Neruda], don't express the immortal vocabulary of America, and America is not reflected in their infamous grossness and their by-products. The antipoems are the second edition to the pitiful and nauseating buffoonery." Father Salvatierra has written, "I've been asked if this little book [Parra's *Poems and Antipoems*] is immoral. I would say 'No'. It's too dirty to be immoral. A garbage can is not immoral, no matter how you turn it."

Juan Denus Russelet countered with this pronouncement: "Parra has created a new form of poetic expression, an extremely personal form, much more audacious and revolutionary than Neruda's, de Rokha's, or even Vicente Huidobro's."

The Beats belonged to our time, and they had in their own language a precedent; still were met with calumny. Parra is establishing his own precedent. He calls it antipoetry. It has shaken the rigid structure of poetic theory and challenged old critical concepts with such force that virtually every writer and literary scholar in Latin America is ready to attack or defend it.

We want to ask, of course, what antipoetry is, and for an answer we get what we always get when the thing we're talking about is not definable: we get description. Antipoetry is flat, is understated and relaxed; antipoetry "returns poetry," as Parra likes to say, "to its roots," is honest; antipoetry is unadorned, is unlyrical, is nonsymbolist; in antipoetry what you see is what you see; antipoetry is chiseled, solid.

As much as anyone writing, and far more than most, Parra is a poet of surfaces. Because poetry, an attack on the senses, is a game of surfaces, that being all the senses know about. And Parra knows, anyway, that even metaphysically the surface of things is the proper concern of poetry, because the masks and dyes and ways of walking tell more of the heart than we can find out with a flashlight in its darkest corners. But all this still comes under the heading of criticism, and doesn't help us very much until we read the poems.

Parra was born in 1914 in Chillán, a small town in the south of Chile, where his father was a schoolteacher. He used to play with his four brothers and three sisters around the tombs of the cemetery, the only playground he knew. In 1933 he entered the Instituto Pedagogico of the University of Chile, from which he received the *Titulo* of Professor of Mathematics and Physics in 1938. The previous year he had published *Cancionero sin Nombre*, his first book of poems. He taught in various secondary schools of Chile until 1943, when he came to the United States to attend Brown University, where he continued his studies in physics. In 1946 he returned to Chile, this time as Professor in the University. He left the country again three years later for a period of study in cosmology with Professor E. A. Milne of Oxford. Since 1952 he has been Professor of Theoretical Physics at the Instituto Pedagogico of the University of Chile in Santiago, where he lives in a rough stone house sitting above the city hard against the foothills of the Andes.

Seventeen years after the publication of *Cancionero sin Nombre* Parra published his second book: *Poemas y Antipoemas*. Its attackers were as zealous as its defenders and usually louder, but fortunately they were also considerably fewer, so that in the year of its publication *Poemas y Antipoemas* won the Premio del Sindicato de Escritores and the next year the Premio Municipal.

In 1958 a third book was published. It was called *La Cueca Larga* and celebrated what can be called the national dance of Chile, the *Cueca*, a playful and suggestive ceremony whose origins are lost in Spanish antiquity.

The poetry was coming faster now, and two years later appeared *Versos de Salon*. This was no less antipoetry than the earlier work, but the poems were generally shorter, brief scenes at the same time casual and traumatic: insights. The same year saw the publication of *Discursos*, an important critical book written half by Parra and half by Pablo Neruda, in which Parra discusses Neruda's writing.

By now the antipoetry was becoming known not only throughout the Spanish-speaking world but in French, Portuguese, Swedish, Finnish, and Russian and with the City Lights publication in 1960 of *Antipoems*, we had a few of them in English. The present volume brings together for the first time a large number of the poems in both the Spanish and the English.

Since 1962 Parra has spoken and read his poems in England, France, Russia, Mexico, Cuba, and the United States. During the spring of 1966 he was Visiting University Professor at Louisiana State University.

An interesting sidelight to Señor Parra's work is not only the fact that he is Professor of Theoretical Physics at the University of Chile, but that his sister, the late Violeta Parra, and his nephew, Angel, rank with the best singers, especially of folk music, in Latin America. And this same Violeta Parra is the only Latin-American artist to have had a one-man show in the Louvre.

But enough of this. Let's hear from the poet himself. The man who, Augustine Palazuelos says fairly, returned to the Spanish language that universality it had not known since Cervantes. Nicanor Parra. As Neruda tells us, "one of the great names in the literature of our language."

New Orleans, 1967   MILLER WILLIAMS

Poems from
Poemas y Antipoemas
(1938–1953)

MIL NOVECIENTOS TREINTA

Mil novecientos treinta. Aquí empieza una época
Con el incendio del dirigible R101 que se precipita a tierra
Envuelto en negras ráfagas de humo
Y en llamas que se ven desde el otro lado del Canal.
Yo no ofrezco nada especial, yo no formulo hipótesis
Yo sólo soy una cámara fotográfica que se pasea por el desierto
Soy una alfombra que vuela
Un registro de fechas y de hechos dispersos
Una máquina que produce tantos o cuantos botones por minuto.

Primero indico los cadáveres de Andree y de sus infortunados compañeros
Que permanecieron ocultos en la nieve septentrional durante medio siglo
Para ser descubiertos un día del año mil novecientos treinta
Año en que yo me sitúo y soy en cierto modo situado.
Señalo el lugar preciso en que fueron dominados por la tormenta
Hé ahí el trineo que los condujo a los brazos de la muerte
Y el bote lleno de documentos científicos
De instrumentos de observación
Lleno de comestibles y de un sinnúmero de placas fotográficas.

Enseguida me remonto a uno de los picos más altos del Himalaya
Al Kanchentunga, y miro con escepticismo la brigada internacional
Que intenta escalarlo y descifrar sus misterios.
Veo como el viento los rechaza varias veces al punto de partida
Hasta sembrar en ellos la desperación y la locura.
Veo a algunos de ellos resbalar y caer al abismo
Y a otros veo luchar entre sí por unas latas de conserva.

Pero no todo lo que veo se reduce a fuerzas expedicionarias:
Yo soy un museo rodante
Una enciclopedia que se abre paso a través de las olas.
Registro todos y cada uno de los actos humanos.

NINETEEN-THIRTY

Nineteen-thirty. Here begins an epoch
With the burning of the dirigible *R–101* as it crashes to earth
Wrapped in black swirls of smoke
And in flames they can see from across the canal.
I offer nothing special. I formulate no hypothesis.
I am only a camera swinging over the desert
I am a flying carpet
A recorder of dates and scattered facts
A machine producing a certain number of buttons per minute.

First I point out the bodies of Andrée
And his unfortunate companions
Who waited hidden half a century under the northern snow
To be discovered one day of the year nineteen hundred and thirty
The year in which I locate myself
And am in a certain way situated.
I point to the precise spot where they were overcome by the storm
Here is the sled that led them to the arms of death
The boat full of scientific documents
Of observational instruments
Full of food and countless photographic plates.

I'm at the top of one of the highest peaks of the Himalayas
Kanchenjunga, and skeptically watch the international team
Setting out to scale her, to decipher her mysteries.
I see how the wind throws them back time and again
To where they started
Until desperation and madness take their minds.
I see some slip and fall into the chasm
And others fight among themselves for a few cans of food.

But not everything I see comes down to an expeditionary force:
I am a rolling museum
An encyclopedia forcing a path through the waves.
I record each and every human act.

Basta que algo suceda en algún punto del globo
Para que una parte de mí mismo se ponga en marcha.
En eso consiste mi oficio.
Concedo la misma atención a un crimen que a un acto de piedad
Vibro de la misma manera frente a un paisaje idílico
Que ante los rayos espasmódicos de una tempestad electrica.
Yo no disminuyo ni exalto nada
Me limito a narrar lo que veo.

Veo a Mahatma Gandhi dirigir personalmente
Las demostraciones públicas en contra de la Ley de la Sal
Veo al Papa y a sus Cardenales congestionados por la ira
Fuera de sí, como poseídos por un espíritu diabólico
Condenar las persecuciones religiosas de la Rusia Soviética
Y veo al principe Carol volver en aeroplano a Bucarest.
Miles de terroristas croatas y eslovenos son ejecutados en masa a mis
        espaldas
Yo dejo hacer, dejo pasar
Dejo que se les asesine tranquilamente
Y dejo que el general Carmona se pegue como lapa al trono del Portugal.

Esto fué y esto es lo que fué el año mil novecientos treinta
Así fueron exterminados los kulaks de la Siberia
De este modo el general Chang cruzó el Río Amarillo y se apoderó de
        Peking
De ésta y no de otra manera se cumplen las predicciones de los astrólogos
Al ritmo de la máquina de coser de mi pobre madre viuda
Y al ritmo de la lluvia, al ritmo de mis propios pies descalzos
Y de mis hermanos que se rascan y hablan en sueños.

Only let something happen anywhere on the globe
And a part of me sets itself moving.
That's what my job is.
I give the same attention to a crime as to an act of mercy
I vibrate the same to an idyllic landscape
And the spastic flashes of an electrical storm.
I diminish and exalt nothing
I confine myself to telling what I see.

I see Mahatma Gandhi personally directing
Public demonstrations against the Salt Law
I see the Pope and his Cardinals in a congestion of anger
Out of their minds as if possessed by the devil
Condemning the religious persecutions in Soviet Russia
And I can see Prince Carol returning by plane to Bucharest.
Thousands of Croatian and Slovenian terrorists are executed en masse
        behind my back
I let it happen, I let it pass
I let the assassinations go on quietly
I let General Carmona stick like a barnacle to the throne of Portugal.

This was and this is what was the year nineteen hundred and thirty
So were exterminated the Kulaks in Siberia
So also General Chiang crossed the Yellow River and took Peking
By this means and no other are the predictions of the astrologers
        fulfilled
To the rhythm of the sewing machine of my poor widowed mother
To the rhythm of the rain, the rhythm of my own naked feet
And of my brothers scratching themselves and talking in their sleep.

   [M.W.]

DESORDEN EN EL CIELO

Un cura sin saber cómo
Llegó a las puertas del cielo,
Tocó la aldaba de bronce,
A abrirle vino San Pedro:
«Si no me dejas entrar
Te corto los crisantemos».
Con voz respondióle el santo
Que se parecía al trueno:
«Retírate de mi vista
Caballo de mal agüero,
Cristo Jesús no se compra
Con mandas ni con dinero
Y no se llega a sus pies
Con dichos de marinero.
Aquí no se necesita
Del brillo de tu esqueleto
Para amenizar el baile
De Dios y de sus adeptos.

Viviste entre los humanos
Del miedo de los enfermos
Vendiendo medallas falsas
Y cruces de cementerio.
Mientras los demás mordían
Un mísero pan de afrecho
Tú te llenabas la panza
De carne y de huevos frescos.
La araña de la lujuria
Se multiplicó en tu cuerpo
Paraguas chorreando sangre
¡Murciélago del infierno!»

DISORDER IN HEAVEN

A priest without knowing how he did it
Reached the gates of heaven,
Touched the bronze knocker,
St. Peter came to open it:
"If you don't let me in
I'll cut the chrysanthemums."
The saint answered him with a voice like thunder:
"Get out of my sight
Horse of bad omen.
You can't buy Jesus Christ
With candles or money
And no one comes to his feet
By the language of sailors.
Here we don't need
The shine of your skeleton
To embellish the dance of God
And his followers.

You lived among the humans
On the fears of the sick
Selling false medals
And cemetery crosses
While the rest nibbled
A pitiful dry bread
You stuffed your belly
With meat and fresh eggs.
The spider of lewdness
Multiplied in your body
Umbrella dripping blood!
Bat of hell!"

Después resonó un portazo,
Un rayo iluminó el cielo,
Temblaron los corredores
Y el ánima sin respeto
Del fraile rodó de espaldas
Al hoyo de los infiernos.

Later a door banged shut,
A ray of light burst through the heavens,
The corridors trembled
And the disrespectful spirit
Of the monk rolled backward
Into the hole of hell.

[M.W.]

AUTORRETRATO

Considerad, muchachos,
Este gabán de fraile mendicante.
Soy profesor en un liceo obscuro,
He perdido la voz haciendo clases.
(Después de todo o nada
Hago cuarenta horas semanales).
¿Qué os parece mi cara abofeteada?
¡Verdad que inspira lástima mirarme!
Y qué decís de estos zapatos negros
Que envejecieron sin arte ni parte.

En materia de ojos, a tres metros
No reconozco ni a mi propia madre.
¿Qué me sucede? —¡Nada!
Me los he arruinado haciendo clases:
La mala luz, el sol,
La venenosa luna miserable.
Y todo ¡para qué!
Para ganar un pan imperdonable
Duro como la cara del burgués
Y con olor y con sabor a sangre.
¡Para qué hemos nacido como hombres
Si nos dan una muerte de animales!

Por el exceso de trabajo, a veces
Veo formas extrañas en el aire,
Oigo carreras locas,
Risas, conversaciones criminales.
Observad estas manos
Y estas mejillas blancas de cadáver,
Estos escasos pelos que me quedan,
¡Estas negras arrugas infernales!
Sin embargo yo fuí tal como ustedes,
Joven, lleno de bellos ideales,

SELF-PORTRAIT

Young men consider
This jacket from a mendicant friar.
I'm a teacher in a dark school,
I have lost my voice holding classes.
(After all, or nothing,
I teach forty hours a week.)
What do you think about my clobbered face?
Doesn't it make you sick to look at me?
And what do you think of these black shoes
That grow old without pain or glory.

In the matter of eyes, at three meters
I don't even recognize my mother
What's the matter with me? nothing!
I have ruined my eyes teaching classes:
The bad light, the sun,
The miserable poison moon.
And everything. For what!
To earn the unpardonable bread
Hard as the face of the storekeeper
With the smell and the taste of blood.
Why were we born as man
To die like animals

Sometimes from working too long
I see strange shapes in the air,
I hear crazy footraces
Laughter, criminal conversations.
Observe these hands
And these cheeks white as death,
These few hairs I have left.
These infernal black wrinkles!
All the same, I was very much like you.
Young, full of pretty ideals.

Soñé fundiendo el cobre
Y limando las caras del diamante:
Aquí me tienen hoy
Detrás de este mesón inconfortable
Embrutecido por el sonsonete
De las quinientas horas semanales.

I dreamed of smelting copper
And polishing diamonds:
Here you have me today
Behind this uncomfortable counter
Turned a brute by the tack-tack-tack
Of the five-hundred-hour weeks.

[M.W.]

CANCION

Quién eres tú repentina
Doncella que te desplomas
Como la araña que pende
Del pétalo de una rosa.

Tu cuerpo relampaguea
Entre las maduras pomas
Que el aire caliente arranca
Del árbol de la centolla.

Caes con el sol, esclava
Dorada de la amapola
Y lloras entre los brazos
Del hombre que te deshoja.

¿Eres mujer o eres dios
Muchacha que te incorporas
Como una nueva Afrodita
Del fondo de una corola?

Herida en lo más profundo
Del cáliz, te desenrollas,
Gimes de placer, te estiras,
Te rompes como una copa.

Mujer parecida al mar,
—Violada entre ola y ola—
Eres más ardiente aún
Que un cielo de nubes rojas.

La mesa está puesta, muerde
La uva que te trastorna
Y besa con ira el duro
Cristal que te vuelve loca.

SONG

Who are you unexpected
Virgin girl collapsing
Like a spider hanging
From the petal of a rose.

Your body flashes
Among the ripe fruit
Wrenched by the hot air
From the crawfish tree.

You descend with the sun
Golden slave of the poppy
And cry in the arms
Of the man who deflowers you.

Are you woman or god
Girl rising
Like a new Aphrodite
From the depths of a corolla?

Wounded in the deepest part
Of the calix, you uncoil,
Moan with pleasure, stretch,
Break like a cup.

Woman like the ocean
—Violated wave by wave—
You are more ardent
Than a sky with red clouds.

The table is set, bite
The grape that maddens you
And angrily kiss
The hard crystal that drives you crazy.

[F.A.]

ODA A UNAS PALOMAS

Qué divertidas son
Estas palomas que se burlan de todo,
Con sus pequeñas plumas de colores
Y sus enormes vientres redondos.
Pasan del comedor a la cocina
Como hojas que dispersa el otoño
Y en el jardín se instalan a comer
Moscas, de todo un poco,
Picotean las piedras amarillas
O se paran en el lomo del toro:
Más ridículas son que una escopeta
O que una rosa llena de piojos.
Sus estudiados vuelos, sin embargo,
Hipnotizan a mancos y cojos
Que creen ver en ellas
La explicación de este mundo y el otro.
Aunque no hay que confiarse porque tienen
El olfato del zorro,
La inteligencia fría del reptil
Y la experiencia larga del loro.
Más hipócritas son que el profesor
Y que el abad que se cae de gordo.
Pero al menor descuido se abalanzan
Como bomberos locos,
Entran por la ventana al edificio
Y se apoderan de la caja de fondos.

A ver si alguna vez
Nos agrupamos realmente todos
Y nos ponemos firmes
Como gallina que defiende sus pollos.

ODE TO SOME DOVES

How funny these
Doves who joke about everything.
With their little colored feathers
And their enormous round bellies.
They move from the dining room to the kitchen
Like leaves scattered by autumn,
They settle in the garden
To eat flies, bits of everything,
They peck at the yellow gravel
Or stand on a bull's back:
They are more ridiculous than a shotgun,
Than a rose full of lice.
Their well-studied flights still
Hypnotize the one-armed and the lame
Who seem to see in them
The explanation for this and the other world,
One shouldn't trust them, though, for they have
The fox's sense of smell,
The cool intelligence of a reptile,
And the long experience of parrots.
They are more hypocritical than a professor
Or an abbot so fat he falls down.
But at the least opportunity they leap
Like crazy firemen
Through the window into the building
And take possession of the cashbox.

Let's see if we can ever
Really get together
And stand firm
Like a hen defending her brood.

[F.A.]

ROMPECABEZAS

No doy a nadie el derecho.
Adoro un trozo de trapo.
Traslado tumbas de lugar.

Traslado tumbas de lugar.
No doy a nadie el derecho.
Yo soy un tipo ridículo
A los rayos del sol,
Azote de las fuentes de soda
Yo me muero de rabia.

Yo no tengo remedio,
Mis propios pelos me acusan
En un altar de ocasión
Las máquinas no perdonan.

Me río detrás de una silla,
Mi cara se llena de moscas.

Yo soy quien se expresa mal
Expresa en vistas de qué.

Yo tartamudeo,
Con el pie toco una especie de feto.

¿Para qué son estos estómagos?
¿Quién hizo esta mescolanza?

Lo mejor es hacer el indio.
Yo digo una cosa por otra.

PUZZLE

I give no one the right.
I worship a piece of rag.
I shift tombs back and forth.

I shift tombs back and forth.
I give no one the right.
I'm a ridiculous sort
In the light of the sun,
The plague of soda fountains,
Dying of rage.

I am a hopeless case,
My own hairs accuse me,
On the bargain altar
The machines give no pardons.

I laugh from behind a chair
My face fills with flies.

I'm the one who can't say what he means,
Talking in long rows of what.

I stutter,
My foot touches a sort of fetus.

What are these stomachs for?
Who made up this mess?

The best thing is not to let on.
Thinking one thing I say something else.

[W.S.M.]

MADRIGAL

Yo me haré millonario una noche
Gracias a un truco que me permitirá fijar las imágenes
En un espejo cóncavo. O convexo.

Me parece que el éxito será completo
Cuando logre inventar un ataúd de doble fondo
Que permita al cadáver asomarse a otro mundo.

Ya me he quemado bastante las pestañas
En esta absurda carrera de caballos
En que los jinetes son arrojados de sus cabalgaduras
Y van a caer entre los espectadores.

Justo es, entonces, que trate de crear algo
Que me permita vivir holgadamente
O que por lo menos me permita morir.

Estoy seguro de que mis piernas tiemblan,
Sueño que se me caen los dientes
Y que llego tarde a unos funerales.

PAISAJE

¡ Véis esa pierna humana que cuelga de la luna
Como un árbol que crece para abajo
Esa pierna temible que flota en el vacío
Iluminada apenas por el rayo
De la luna y el aire del olvido !

MADRIGAL

I'm going to make a million some night
With a gadget for fixing images
In a concave mirror. Or a convex one.

I think my work will be a complete success
When I have perfected the coffin with a double bottom
So the corpse can take a look into the other world.

I have busted my gut enough
In this absurd horse race
Where the jockeys are thrown from their saddles
And land among the spectators.

It's fair, then, to try to believe something
That will let me live an easy life
Or at least die.

I know my legs are trembling
I dream my teeth are falling out
And that I come late to a funeral.

    [M.W.]

LANDSCAPE

Look at this human leg hanging from the moon
Like a tree growing downward,
This terrible leg floating in the void,
Barely illumined by the light
Of the moon and the air of oblivion!

    [W.S.M.]

NOTAS DE VIAJE

Yo me mantuve alejado de mi puesto durante años.
Me dediqué a viajar, a cambiar impresiones con mis interlocutores,
Me dediqué a dormir;
Pero las escenas vividas en épocas anteriores se hacían presentes en mi
    memoria.
Durante el baile yo pensaba en cosas absurdas:
Pensaba en unas lechugas vistas el día anterior
Al pasar delante de la cocina,
Pensaba un sinnúmero de cosas fantásticas relacionadas con mi familia;
Entretanto el barco ya había entrado al río,
Se abría paso a través de un banco de medusas.
Aquellas escenas fotográficas afectaban mi espíritu,
Me obligaban a encerrarme en mi camarote;
Comía a la fuerza, me rebelaba contra mí mismo,
Constituía un peligro permanente a bordo
Puesto que en cualquier momento podía salir con un contrasentido.

CARTAS A UNA DESCONOCIDA

Cuando pasen los años, cuando pasen
Los años y el aire haya cavado un foso
Entre tu alma y la mía; cuando pasen los años
Y yo sólo sea un hombre que amó, un ser que se detuvo
Un instante frente a tus labios,
Un pobre hombre cansado de andar por los jardines,
¿Dónde estarás tú? ¡Dónde
Estarás, oh hija de mis besos!

TRAVEL NOTES

I managed to stay away from my job for years.
I devoted myself to traveling, to exchanging impressions with the
      people I talked to.
I devoted myself to sleeping;
But the scenes I had lived through at other times kept coming to mind.
While I was dancing I would think of ridiculous things:
I would think of lettuces I had noticed the day before
As I was passing the kitchen,
I would think of innumerable fantastic things to do with my family;
Meanwhile the boat had entered the river,
It was forcing its way through a shoal of jellyfish.
These photographic scenes affected my reason,
They obliged me to shut myself in my cabin;
I had to force myself to eat, I rebelled against myself,
I was a permanent menace on board,
Since at any moment I might come out with some nonsense.

    [W.S.M.]

LETTERS TO AN UNKNOWN WOMAN

      When the years pass, when the years
      Pass and the air has dug a moat
      Between your soul and mine; when the years pass
      And I am only a man who loved, a being who tarried
      One instant at your lips,
      A poor man weary of walking the gardens,
      Where will you be? where
      Will you be, oh daughter of my kisses!

      [D.L.]

EL PEREGRINO

Atención, señoras y señores, un momento de atención:
Volved un instante la cabeza hacia este lado de la república,
Olvidad por una noche vuestros asuntos personales,
El placer y el dolor pueden aguardar a la puerta:
Una voz se oye desde este lado de la república.
¡Atención, señoras y señores! ¡un momento de atención!

Un alma que ha estado embotellada durante años
En una especie de abismo sexual e intelectual
Alimentándose escasamente por la nariz
Desea hacerse escuchar por ustedes.

Deseo que se me informe sobre algunas materias,
Necesito un poco de luz, el jardín se cubre de moscas,
Me encuentro en un desastroso estado mental,
Razono a mi manera;
Mientras digo estas cosas veo una bicicleta apoyada en un muro,
Veo un puente
Y un automóvil que desaparece entre los edificios.

Ustedes se peinan, es cierto, ustedes andan a pie por los jardines,
Debajo de la piel ustedes tienen otra piel,
Ustedes poseen un séptimo sentido
Que les permite entrar y salir automáticamente.
Pero yo soy un niño que llama a su madre detrás de las rocas,
Soy un peregrino que hace saltar las piedras a la altura de su nariz,
Un árbol que pide a gritos se le cubra de hojas.

THE PILGRIM

Your attention, ladies and gentlemen, your attention for one moment:
Turn your heads for a second to this part of the republic,
Forget for one night your personal affairs,
Pleasure and pain can wait at the door:
There's a voice from this part of the republic.
Your attention, ladies and gentlemen! Your attention for one moment!

A soul that has been bottled up for years
In a sort of sexual and intellectual abyss,
Nourishing itself most inadequately through the nose,
Desires to be heard.

I'd like to find out some things,
I need a little light, the garden's covered with flies,
My mental state's a disaster,
I work things out in my peculiar way,
As I say these things I see a bicycle leaning against a wall,
I see a bridge
And a car disappearing between the buildings.

You comb your hair, that's true, you walk in the gardens,
Under your skins you have other skins,
You have a seventh sense
Which lets you in and out automatically.
But I'm a child calling to its mother from behind rocks,
I'm a pilgrim who makes stones jump as high as his nose,
A tree crying out to be covered with leaves.

[W.S.M.]

EL TUNEL

Pasé una época de mi juventud en casa de unas tías
A raíz de la muerte de un señor íntimamente ligado a ellas
Cuyo fantasma las molestaba sin piedad
Haciéndoles imposible la vida.

En el principio yo me mantuve sordo a sus telegramas
A sus epístolas concebidas en un lenguaje de otra época
Llenas de alusiones mitológicas
Y de nombres propios desconocidos para mí
Varios de ellos pertenecientes a sabios de la antigüedad
A filósofos medievales de menor cuantía
A simples vecinos de la localidad que ellas habitaban.

Abandonar de buenas a primeras la universidad
Romper con los encantos de la vida galante
Interrumpirlo todo
Con el objeto de satisfacer los caprichos de tres ancianas histéricas
Llenas de toda clase de problemas personales
Resultaba, para una persona de mi carácter,
Un porvenir poco halagador
Una idea descabellada.

Cuatro años viví en El Túnel, sin embargo,
En comunidad con aquellas temibles damas
Cuatro años de martirio constante
De la mañana a la noche.
Las horas de regocijo que pasé debajo de los árboles
Tornáronse pronto en semanas de hastío
En meses de angustia que yo trataba de disimular al máximo
Con el objeto de no despertar curiosidad en torno a mi persona,
Tornáronse en años de ruina y de miseria
¡En siglos de prisión vividos por mi alma
En el interior de una botella de mesa!

THE TUNNEL

In my youth I lived for a time in the house of some aunts
On the heels of the death of a gentleman with whom they had been
        intimately connected
Whose ghost tormented them without pity
Making life intolerable for them.

At the beginning I ignored their telegrams
And their letters composed in the language of another day,
Larded with mythological allusions
And proper names that meant nothing to me
Some referring to sages of antiquity
Or minor medieval philosophers
Or merely to neighbors.

To give up the university just like that
And break off the joys of a life of pleasure,
To put a stop to it all
In order to placate the caprices of three hysterical old women
Riddled with every kind of personal difficulty,
This, to a person of my character, seemed
An uninspiring prospect,
A brainless idea.

Four years, just the same, I lived in The Tunnel
In the company of those frightening old ladies,
Four years of uninterrupted torture
Morning, noon, and night.
The delightful hours that I had spent under the trees
Were duly replaced by weeks of revulsion,
Months of anguish, which I did my best to disguise
For fear of attracting their curiosity.
They stretched into years of ruin and misery.
For centuries my soul was imprisoned
In a bottle of drinking water!

Mi concepción espiritualista del mundo
Me situó ante los hechos en un plano de franca inferioridad:
Yo lo veía todo a través de un prisma
En el fondo del cual las imágenes de mis tías se entrelazaban como
    hilos vivientes
Formando una especie de malla impenetrable
Que hería mi vista haciéndola cada vez más ineficaz.

Un joven de escasos recursos no se da cuenta de las cosas.
El vive en una campana de vidrio que se llama Arte
Que se llama Lujuria, que se llama Ciencia
Tratando de establecer contacto con un mundo de relaciones
Que sólo existen para él y para un pequeño grupo de amigos.

Bajo los efectos de una especie de vapor de agua
Que se filtraba por el piso de la habitación
Inundando la atmósfera hasta hacerlo todo invisible
Yo pasaba las noches ante mi mesa de trabajo
Absorbido en la práctica de la escritura automática.

Pero para qué profundizar en estas materias desagradables
Aquellas matronas se burlaron miserablemente de mí
Con sus falsas promesas, con sus extrañas fantasías
Con sus dolores sabiamente simulados
Lograron retenerme entre sus redes durante años
Obligándome tácitamente a trabajar para ellas
En faenas de agricultura
En compraventa de animales
Hasta que una noche, mirando por la cerradura
Me impuse que una de ellas
¡Mi tía paralítica!
Caminaba perfectamente sobre la punta de sus piernas
Y volví a la realidad con un sentimiento de los demonios.

My spiritualist conception of the world
Left me obviously inferior to every fact I was faced with:
I saw everything through a prism
In the depths of which the images of my aunts intertwined
      like living threads
Forming a sort of impenetrable chain mail
Which hurt my eyes, making them more and more useless.

A young man of scanty means can't work things out
He lives in a bell jar called Art
Or Pleasure or Science
Trying to make contact with a world of relationships
That only exist for him and a small group of friends.

Under the influence of a sort of water vapor
That found its way through the floor of the room
Flooding the atmosphere till it blotted out everything
I spent the nights at my work table
Absorbed in practicing automatic writing.

But why rake deeper into this wretched affair?
Those old women led me on disgracefully
With their false promises, with their weird fantasies,
With their cleverly performed sufferings.
They managed to keep me enmeshed for years
Making me feel obliged to work for them, though it was never said:
Agricultural labors,
Purchase and sale of cattle,
Until one night, looking through the keyhole
I noticed that one of my aunts—
The paralytic!—
Was getting about beautifully on the tips of her toes,
And I came to, knowing I'd been bewitched.

    [W.S.M.]

RECUERDOS DE JUVENTUD

Lo cierto es que yo iba de un lado a otro,
A veces chocaba con los árboles,
Chocaba con los mendigos,
Me abría paso a través de un bosque de sillas y mesas,
Con el alma en un hilo veía caer las grandes hojas.
Pero todo era inútil,
Cada vez me hundía más y más en una especie de jalea;
La gente se reía de mis arrebatos,
Los individuos se agitaban en sus butacas como algas movidas por las olas
Y las mujeres me dirigían miradas de odio
Haciéndome subir, haciéndome bajar,
Haciéndome llorar y reír en contra de mi voluntad.

De todo esto resultó un sentimiento de asco,
Resultó una tempestad de frases incoherentes,
Amenazas, insultos, juramentos que no venían al caso,
Resultaron unos movimientos agotadores de caderas,
Aquellos bailes fúnebres
Que me dejaban sin respiración
Y que me impedían levantar cabeza durante días,
Durante noches.

Yo iba de un lado a otro, es verdad,
Mi alma flotaba en las calles
Pidiendo socorro, pidiendo un poco de ternura;
Con una hoja de papel y un lápiz yo entraba en los cementerios
Dispuesto a no dejarme engañar.
Daba vueltas y vueltas en torno al mismo asunto,
Observaba de cerca las cosas
O en un ataque de ira me arrancaba los cabellos.

De esa manera hice mi debut en las salas de clases,
Como un herido a bala me arrastré por los ateneos,

MEMORIES OF YOUTH

All I'm sure of is that I kept going back and forth,
Sometimes I bumped into trees,
Bumped into beggars,
I forced my way through a thicket of chairs and tables,
With my soul on a thread I watched the great leaves fall.
But the whole thing was useless,
At every turn I sank deeper into a sort of jelly;
People laughed at my fits,
The characters stirred in their armchairs like seaweed moved
      by the waves
And women gave me horrid looks
Dragging me up, dragging me down,
Making me cry and laugh against my will.

All this evoked in me a feeling of nausea
And a storm of incoherent sentences,
Threats, insults, pointless curses,
Also certain exhausting pelvic motions,
Macabre dances, that left me
Short of breath
Unable to raise my head for days
For nights.

I kept going back and forth, it's true,
My soul drifted through the streets
Calling for help, begging for a little tenderness,
With pencil and paper I went into cemeteries
Determined not be be fooled.
I went round and round the same fact,
I studied everything in minute detail
Or I tore out my hair in a tantrum.

And in this state I began my classroom career.
I heaved myself around literary gatherings like a man with a bullet
      wound.

Crucé el umbral de las casas particulares,
Con el filo de la lengua traté de comunicarme con los espectadores:
Ellos leían el periódico
O desaparecían detrás de un taxi.
¡Adónde ir entonces!
A esas horas el comercio estaba cerrado;
Yo pensaba en un trozo de cebolla visto durante la cena
Y en el abismo que nos separa de los otros abismos.

SOLO DE PIANO

Ya que la vida del hombre no es sino una acción a distancia,
Un poco de espuma que brilla en el interior de un vaso;
Ya que los árboles no son sino muebles que se agitan:
No son sino sillas y mesas en movimiento perpetuo;
Ya que nosotros mismos no somos más que seres
(Como el dios mismo no es otra cosa que dios)
Ya que no hablamos para ser escuchados
Sino para que los demás hablen
Y el eco es anterior a las voces que lo producen;
Ya que ni siquiera tenemos el consuelo de un caos
En el jardín que bosteza y que se llena de aire,
Un rompecabezas que es preciso resolver antes de morir
Para poder resucitar después tranquilamente
Cuando se ha usado en exceso de la mujer;
Ya que también existe un cielo en el infierno,
Dejad que yo también haga algunas cosas:

Yo quiero hacer un ruido con los pies
Y quiero que mi alma encuentre su cuerpo.

Crossing the thresholds of private houses,
With my sharp tongue I tried to get the spectators to understand me,
They went on reading the paper
Or disappeared behind a taxi.
Then where could I go !
At that hour the shops were shut;
I thought of a slice of onion I'd seen during dinner
And of the abyss that separates us from the other abysses.

[W.S.M.]

PIANO SOLO

Since man's life is nothing but a bit of action at a distance,
A bit of foam shining inside a glass;
Since trees are nothing but moving trees;
Nothing but chairs and tables in perpetual motion;
Since we ourselves are nothing but beings
(As the godhead itself is nothing but God);
Now that we do not speak solely to be heard
But so that others may speak
And the echo precede the voice that produces it;
Since we do not even have the consolation of a chaos
In the garden that yawns and fills with air,
A puzzle that we must solve before our death
So that we may nonchalantly resuscitate later on
When we have led woman to excess;
Since there is also a heaven in hell,
Permit me to propose a few things:

I wish to make a noise with my feet
I want my soul to find its proper body.

[W.C.W.]

LA VIBORA

Durante largos años estuve condenado a adorar a una mujer despreciable
Sacrificarme por ella, sufrir humillaciones y burlas sin cuento,
Trabajar día y noche para alimentarla y vestirla,
Llevar a cabo algunos delitos, cometer algunas faltas,
A la luz de la luna realizar pequeños robos,
Falsificaciones de documentos comprometedores,
So pena de caer en descrédito ante sus ojos fascinantes.
En horas de comprensión solíamos concurrir a los parques
Y retratarnos juntos manejando una lancha a motor,
O nos íbamos a un café danzante
Donde nos entregábamos a un baile desenfrenado
Que se prolongaba hasta altas horas de la madrugada.
Largos años viví prisionero del encanto de aquella mujer
Que solía presentarse a mi oficina completamente desnuda
Ejecutando las contorsiones más difíciles de imaginar
Con el propósito de incorporar mi pobre alma a su órbita
Y, sobre todo, para extorsionarme hasta el último centavo.
Me prohibía estrictamente que me relacionase con mi familia.
Mis amigos eran separados de mí mediante libelos infamantes
Que la víbora hacía publicar en un diario de su propiedad.
Apasionada hasta el delirio no me daba un instante de tregua,
Exigiéndome perentoriamente que besara su boca
Y que contestase sin dilación sus necias preguntas
Varias de ellas referentes a la eternidad y a la vida futura
Temas que producían en mí un lamentable estado de ánimo,
Zumbidos de oídos, entrecortadas náuseas, desvanecimientos prematuros
Que ella sabía aprovechar con ese espíritu práctico que la caracterizaba
Para vestirse rápidamente sin pérdida de tiempo
Y abandonar mi departamento dejándome con un palmo de narices.

Esta situación se prolongó por más de cinco años.
Por temporadas vivíamos juntos en una pieza redonda
Que pagábamos a medias en un barrio de lujo cerca del cementerio.
(Algunas noches hubimos de interrumpir nuestra luna de miel
Para hacer frente a las ratas que se colaban por la ventana).

THE VIPER

For years I was doomed to worship a contemptible woman
Sacrifice myself for her, endure endless humiliations and sneers,
Work night and day to feed her and clothe her,
Perform several crimes, commit several misdemeanors,
Practice petty burglary by moonlight,
Forge compromising documents,
For fear of a scornful glance from her bewitching eyes.
During brief phases of understanding we used to meet in parks
And have ourselves photographed together driving a motorboat,
Or we would go to a nightclub
And fling ourselves into an orgy of dancing
That went on until well after dawn.
For years I was under the spell of that woman.
She used to appear in my office completely naked
And perform contortions that defy the imagination,
Simply to draw my poor soul into her orbit
And above all to wring from me my last penny.
She absolutely forbade me to have anything to do with my family.
To get rid of my friends this viper made free with defamatory libels
Which she published in a newspaper she owned.
Passionate to the point of delirium, she never let up for an instant,
Commanding me to kiss her on the mouth
And to reply at once to her silly questions
Concerning, among other things, eternity and the afterlife,
Subjects which upset me terribly,
Producing buzzing in my ears, recurrent nausea, sudden fainting spells
Which she turned to account with that practical turn of mind
        that distinguished her,
Putting her clothes on without wasting a moment
And clearing out of my apartment, leaving me flat.

This situation dragged on for five years and more.
There were periods when we lived together in a round room
In a plush district near the cemetery, sharing the rent.
(Some nights we had to interrupt our honeymoon
To cope with the rats that streamed in through the window.)

Llevaba la víbora un minucioso libro de cuentas

En el que anotaba hasta el más mínimo centavo que yo le pedía en
        préstamo;

No me permitía usar el cepillo de dientes que yo mismo le había regalado

Y me acusaba de haber arruinado su juventud:

Lanzando llamas por los ojos me emplazaba a comparecer ante el juez

Y pagarle dentro de un plazo prudente parte de la deuda

Pues ella necesitaba ese dinero para continuar sus estudios

Entonces hube de salir a la calle y vivir de la caridad pública,

Dormir en los bancos de las plazas,

Donde fuí encontrado muchas veces moribundo por la policía

Entre las primeras hojas del otoño.

Felizmente aquel estado de cosas no pasó más adelante,

Porque cierta vez en que yo me encontraba en una plaza también

Posando frente a una cámara fotográfica

Unas deliciosas manos femeninas me vendaron de pronto la vista

Mientras una voz amada para mí me preguntaba quién soy yo.

Tú eres mi amor, respondí con serenidad.

¡ Angel mío, dijo ella nerviosamente,

Permite que me siente en tus rodillas una vez más !

Entonces pude percatarme de que ella se presentaba ahora provista de un
        pequeño taparrabos.

Fué un encuentro memorable, aunque lleno de notas discordantes:

Me he comprado una parcela, no lejos del matadero, exclamó,

Allí pienso construir una especie de pirámide

En la que podamos pasar los últimos días de nuestra vida.

Ya he terminado mis estudios, me he recibido de abogado,

Dispongo de un buen capital;

Dediquémonos a un negocio productivo, los dos, amor mío, agregó,

Lejos del mundo construyamos nuestro nido.

Basta de sandeces, repliqué, tus planes me inspiran desconfianza,

Piensa que de un momento a otro mi verdadera mujer

Puede dejarnos a todos en la miseria más espantosa.

Mis hijos han crecido ya, el tiempo ha transcurrido,

Me siento profundamente agotado, déjame reposar un instante,

The viper kept a meticulous account book
In which she noted every penny I borrowed from her,
She would not let me use the toothbrush I had given her myself,
And she accused me of having ruined her youth:
With her eyes flashing fire she threatened to take me to court
And make me pay part of the debt within a reasonable period
Since she needed the money to go on with her studies.
Then I had to take to the street and live on public charity,
Sleeping on park benches
Where the police found me time and again, dying,
Among the first leaves of autumn.
Fortunately that state of affairs went no further,
For one time—and again I was in a park,
Posing for a photographer—
A pair of delicious feminine hands suddenly covered my eyes
While a voice that I loved asked me: Who am I.
You are my love, I answered serenely.
My angel! she said nervously.
Let me sit on your knees once again!
It was then that I was able to ponder the fact that she was now
        wearing brief tights.
It was a memorable meeting, though full of discordant notes.
I have bought a plot of land not far from the slaughterhouse,
        she exclaimed.
I plan to build a sort of pyramid there
Where we can spend the rest of our days.
I have finished my studies, I have been admitted to the bar,
I have a tidy bit of capital at my disposal;
Let's go into some lucrative business, we two, my love, she added,
Let's build our nest far from the world.
Enough of your foolishness, I answered, I have no confidence
        in your plans.
Bear in mind that my real wife
Can at any moment leave both of us in the most frightful poverty.
My children are grown up, time has elapsed,
I feel utterly exhausted, let me have a minute's rest,

Tráeme un poco de agua, mujer,
Consígueme algo de comer en alguna parte,
Estoy muerto de hambre,
No puedo trabajar más para ti,
Todo ha terminado entre nosotros.

Get me a little water, woman,
Get me something to eat from somewhere,
I'm starving,
I can't work for you any more,
It's all over between us.

[W.S.M.]

LOS VICIOS DEL MUNDO MODERNO

Los delincuentes modernos
Están autorizados para concurrir diariamente a parques y jardines.
Provistos de poderosos anteojos y de relojes de bolsillo
Entran a saco en los kioskos favorecidos por la muerte
E instalan sus laboratorios entre los rosales en flor.
Desde allí controlan a fotógrafos y mendigos que deambulan por los
    alrededores
Procurando levantar un pequeño templo a la miseria
Y si se presenta la oportunidad llegan a poseer a un lustrabotas melancólico.
La policía atemorizada huye de estos monstruos
En dirección del centro de la ciudad
En donde estallan los grandes incendios de fines de año
Y un valiente encapuchado pone manos arriba a dos madres de la caridad.
Los vicios del mundo moderno:
El automóvil y el cine sonoro,
Las discriminaciones raciales,
El exterminio de los pieles rojas,
Los trucos de la alta banca,
La catástrofe de los ancianos,
El comercio clandestino de blancas realizado por sodomitas internacionales,
El auto-bombo y la gula
Las Pompas Fúnebres
Los amigos personales de su excelencia
La exaltación del folklore a categoría del espíritu,
El abuso de los estupefacientes y de la filosofía,
El reblandecimiento de los hombres favorecidos por la fortuna
El auto-erotismo y la crueldad sexual
La exaltación de lo onírico y del subconsciente en desmedro del sentido
    común,
La confianza exagerada en sueros y vacunas,
El endiosamiento del falo,
La política internacional de piernas abiertas patrocinada por la prensa
    reaccionaria,
El afán desmedido de poder y de lucro,
La carrera del oro,
La fatídica danza de los dólares,

THE VICES OF THE MODERN WORLD

Modern delinquents
Are authorized to convene daily in parks and gardens.
Equipped with powerful binoculars and pocket watches
They break into kiosks favored by death
And install their laboratories among the rosebushes in full flower.
From there they direct the photographers and beggars that roam
      the neighborhood
Trying to raise a small temple to misery
And, if they get a chance, having some woebegone shoeshine boy.
The cowed police run from these monsters
Making for the middle of town
Where the great year's end fires are breaking out
And a hooded hero is robbing two nuns at gun point.
The vices of the modern world:
The motor car and the movies,
Racial discrimination,
The extermination of the Indian,
The manipulations of high finance,
The catastrophe of the aged,
The clandestine white-slave trade carried on by international sodomites,
Self-advertisement and gluttony,
Expensive funerals,
Personal friends of His Excellency,
The elevation of folklore to a spiritual category,
The abuse of soporifics and philosophy,
The softening-up of men favored by fortune,
Autoeroticism and sexual cruelty,
The exaltation of the study of dreams and the subconscious
      to the detriment of common sense,
The exaggerated faith in serums and vaccines,
The deification of the phallus,
The international spread-legs policy patronized by the reactionary press,
The unbounded lust for power and money,
The gold rush,
The fatal dollar dance,

La especulación y el aborto,
La destrucción de los ídolos,
El desarrollo excesivo de la dietética y de la psicología pedagógica,
El vicio del baile, del cigarrillo, de los juegos de azar,
Las gotas de sangre que suelen encontrarse entre las sábanas de los recién
    desposados,
La locura del mar,
La agorafobia y la claustrofobia,
La desintegración del átomo,
El humorismo sangriento de la teoría de la relatividad,
El delirio de retorno al vientre materno,
El culto de lo exótico,
Los accidentes aeronáuticos,
Las incineraciones, las purgas en masa, la retención de los pasaportes,
Todo esto porque sí,
Porque produce vértigo,
La interpretación de los sueños
Y la difusión de la radiomanía.

Como queda demostrado,
El mundo moderno se compone de flores artificiales,
Que se cultivan en unas campanas de vidrio parecidas a la muerte,
Está formado por estrellas de cine,
Y de sangrientos boxeadores que pelean a la luz de luna,
Se compone de hombres ruiseñores que controlan la vida económica de
    los países
Mediante algunos mecanismos fáciles de explicar;
Ellos visten generalmente de negro como los precursores del otoño
Y se alimentan de raíces y de hierbas silvestres.
Entretanto los sabios, comidos por las ratas,
Se pudren en los sótanos de las catedrales,
Y las almas nobles son perseguidas implacablemente por la policía.

El mundo moderno es una gran cloaca:
Los restoranes de lujo están atestados de cadáveres digestivos
Y de pájaros que vuelan peligrosamente a escasa altura.
Esto no es todo: Los hospitales están llenos de impostores,
Sin mencionar a los herederos del espíritu que establecen sus colonias en
    el ano de los recién operados.

Speculation and abortion,
The destruction of idols,
Overdevelopment of dietetics and pedagogical psychology,
The vices of dancing, of the cigarette, of games of chance,
The drops of blood that are often found on the sheets of newlyweds,
The madness for the sea,
Agoraphobia and claustrophobia,
The disintegration of the atom,
The gory humor of the theory of relativity,
The frenzy to return to the womb,
The cult of the exotic,
Airplane accidents,
Incinerations, mass purges, retention of passports,
All this just because,
To produce vertigo,
Dream-analysis,
And the spread of radiomania.

As has been demonstrated
The modern world is composed of artificial flowers
Grown under bell jars like death,
It is made of movie stars
And blood-smeared boxers fighting by moonlight
And nightingale-men controlling the economic lives of the nations
With certain easily explained devices;
Usually they are dressed in black like precursors of autumn
And eat roots and wild herbs.
Meanwhile the wise, gnawed by rats,
Rot in the crypts of cathedrals
And souls with the slightest nobility are relentlessly persecuted
        by the police.

The modern world is an enormous sewer,
The chic restaurants are stuffed with digesting corpses
And birds flying dangerously low.
That's not all: the hospitals are full of impostors,
To say nothing of those heirs of the spirit who found colonies
        in the anus of each new surgical case.

Los industriales modernos sufren a veces el efecto de la atmósfera
envenenada,
Junto a las máquinas de tejer suelen caer enfermos del espantoso mal del
sueño
Que los transforma a la larga en unas especies de ángeles.
Niegan la existencia del mundo físico
Y se vanaglorian de ser unos pobres hijos del sepulcro.
Sin embargo, el mundo ha sido siempre así.
La verdad, como la belleza, no se crea ni se pierde
Y la poesía reside en las cosas o es simplemente un espejismo del espíritu.
Reconozco que un terremoto bien concebido
Puede acabar en algunos segundos con una ciudad rica en tradiciones
Y que un minucioso bombardeo aéreo
Derribe árboles, caballos, tronos, música.
Pero qué importa todo esto
Si mientras la bailarina más grande del mundo
Muere pobre y abandonada en una pequeña aldea del sur de Francia
La primavera devuelve al hombre una parte de las flores desaparecidas.

Tratemos de ser felices, recomiendo yo, chupando la miserable costilla
humana.
Extraigamos de ella el líquido renovador,
Cada cual de acuerdo con sus inclinaciones personales.
¡ Aferrémonos a esta piltrafa divina !
Jadeantes y tremebundos
Chupemos estos labios que nos enloquecen;
La suerte está echada.
Aspiremos este perfume enervador y destructor
Y vivamos un día mas la vida de los elegidos:
De sus axilas extrae el hombre la cera necesaria para forjar el rostro de
sus ídolos.
Y del sexo de la mujer la paja y el barro de sus templos.

Por todo lo cual
Cultivo un piojo en mi corbata
Y sonrío a los imbéciles que bajan de los árboles.

Modern industrialists occasionally suffer from the effects
         of the poisoned atmosphere.
They are stricken at their sewing machines by the terrifying sleeping
         sickness
Which eventually turns them into angels, of a sort.
They deny the existence of the physical world
And brag about being poor children of the grave.
And yet the world has always been like this.
Truth, like beauty, is neither created nor lost
And poetry is in things themselves or is merely a mirage of the spirit.
I admit that a well-planned earthquake
Can wipe out a city rich in traditions in a matter of seconds,
And that a meticulous aerial bombardment
Smashes trees, horses, thrones, music,
But what does it matter
If, while the world's greatest ballerina
Is dying, poor and abandoned, in a village in southern France,
Spring restores to man a few of the vanished flowers.

What I say is, let's try to be happy, sucking on the miserable human rib.
Let's extract from it the restorative liquid,
Each one following his personal inclinations.
Let's cling to this divine table scrap !
Panting and trembling,
Let's suck those maddening lips.
The lot is cast.
Let's breathe in this enervating and destructive perfume
And for one more day live the life of the elect.
Out of his armpits man extracts the wax he needs to mold the faces
         of his idols
And out of woman's sex the straw and the mud for his temples.

Therefore
I grow a louse on my tie
And smile at the imbeciles descending from the trees.

     [W.S.M.]

LAS TABLAS

Soñé que me encontraba en un desierto y que hastiado de mí mismo
Comenzaba a golpear a una mujer.
Hacía un frío de los demonios; era necesario hacer algo,
Hacer fuego, hacer un poco de ejercicio;
Pero a mí me dolía la cabeza, me sentía fatigado
Sólo quería dormir, quería morir.
Mi traje estaba empapado de sangre
Y entre mis dedos se veían algunos cabellos
—Los cabellos de mi pobre madre—
«Por qué maltratas a tu madre» me preguntaba entonces una piedra
Una piedra cubierta de polvo «por qué la maltratas».
Yo no sabía de dónde venían esas voces que me hacían temblar
Me miraba las uñas y me las mordía,
Trataba de pensar infructuosamente en algo
Pero sólo veía en torno a mí un desierto
Y veía la imagen de ese ídolo
Mi dios que me miraba hacer estas cosas.
Aparecieron entonces unos pájaros
Y al mismo tiempo en la obscuridad descubrí unas rocas.
En un supremo esfuerzo logré distinguir las tablas de la ley:
«Nosotras somos las tablas de la ley» decían ellas
«Por qué maltratas a tu madre»
«Ves esos pájaros que se han venido a posar sobre nosotras»
«Ahí está nellos para registrar tus crímenes»
Pero yo bostezaba, me aburría de estas admoniciones.
«Espanten esos pájaros» dije en voz alta
«No» respondió una piedra
«Ellos representan tus diferentes pecados»
«Ellos están ahí para mirarte»
Entonces yo me volví de nuevo a mi dama
Y le empecé a dar más firme que antes
Para mantenerse despierto había que hacer algo
Estaba en la obligación de actuar
So pena de caer dormido entre aquellas rocas
Aquellos pájaros.

THE TABLETS

I dreamed I was in a desert and because I was sick of myself
I started beating a woman.
It was devilish cold, I had to do something,
Make a fire, take some exercise,
But I had a headache, I was tired,
All I wanted to do was sleep, die.
My suit was soggy with blood
And a few hairs were stuck among my fingers
—They belonged to my poor mother—
"Why do you abuse your mother," a stone asked me,
A dusty stone, "Why do you abuse her?"
I couldn't tell where these voices came from, they gave me the shivers,
I looked at my nails, I bit them,
I tried to think of something but without success,
All I saw around me was a desert
And the image of that idol
My god who was watching me do these things.
Then a few birds appeared
And at the same moment, in the dark, I discovered some slabs of rock.
With a supreme effort I managed to make out the tablets of the law:
"We are the tablets of the law," they said,
"Why do you abuse your mother?
See these birds that have come to perch on us,
They are here to record your crimes."
But I yawned, I was bored with these warnings.
"Get rid of those birds," I said aloud.
"No," one of the stones said,
"They stand for your different sins,
They're here to watch you."
So I turned back to my lady again
And started to let her have it harder than before.
I had to do something to keep awake.
I had no choice but to act
Or I would have fallen asleep among those rocks
And those birds.

Saqué entonces una caja de fósforos de uno de mis bolsillos
Y decidí quemar el busto del dios
Tenía un frío espantoso, necesitaba calentarme
Pero este fuego sólo duró algunos segundos.
Desesperado busqué de nuevo las tablas
Pero ellas habían desaparecido:
Las rocas tampoco estaban allí
Mi madre me había abandonado.
Me toqué la frente; pero no:
Ya no podía más.

So I took a box of matches out of one of my pockets
And decided to set fire to the bust of the god.
I was dreadfully cold, I had to get warm,
But that blaze only lasted a few seconds.
Out of my mind, I looked for the tablets again
But they had disappeared.
The rocks weren't there either.
My mother had abandoned me.
I beat my brow. But
There was nothing more I could do.

[W.S.M.]

LA TRAMPA

Por aquel tiempo yo rehuía las escenas demasiado misteriosas.
Como los enfermos del estómago que evitan las comidas pesadas,
Prefería quedarme en casa dilucidando algunas cuestiones
Referentes a la reproducción de las arañas,
Con cuyo objeto me recluía en el jardín
Y no aparecía en público hasta avanzadas horas de la noche;
O también en mangas de camisa, en actitud desafiante,
Solía lanzar iracundas miradas a la luna
Procurando evitar esos pensamientos atrabiliarios
Que se pegan como pólipos al alma humana.
En la soledad poseía un dominio absoluto sobre mí mismo,
Iba de un lado a otro con plena conciencia de mis actos
O me tendía entre las tablas de la bodega
A soñar, a idear mecanismos, a resolver pequeños problemas
    de emergencia.
Aquellos eran los momentos en que ponía en práctica mi célebre método
    onírico,
Que consiste en violentarse a sí mismo y soñar lo que se desea,
En promover escenas preparadas de antemano con participación
    del más allá.
De este modo lograba obtener informaciones preciosas
Referentes a una serie de dudas que aquejan al ser:
Viajes al extranjero, confusiones eróticas, complejos religiosos.
Pero todas las precauciones eran pocas
Puesto que por razones difíciles de precisar
Comenzaba a deslizarme automáticamente por una especie de plano
    inclinado,
Como un globo que se desinfla mi alma perdía altura,
El instinto de conservación dejaba de funcionar
Y privado de mis prejuicios más esenciales
Caía fatalmente en la trampa del teléfono
Que como un abismo atrae a los objetos que lo rodean
Y con manos trémulas marcaba ese número maldito
Que aún suelo repetir automáticamente mientras duermo.
De incertidumbre y de miseria eran aquellos segundos

THE TRAP

During that time I kept out of circumstances that were too full
    of mystery
As people with stomach ailments avoid heavy meals,
I preferred to stay at home inquiring into certain questions
Concerning the propagation of spiders,
To which end I would shut myself up in the garden
And not show myself in public until late at night;
Or else, in shirt sleeves, defiant,
I would hurl angry glances at the moon,
Trying to get rid of those bilious fancies
That cling like polyps to the human soul.
When I was alone I was completely self-possessed,
I went back and forth fully conscious of my actions
Or I would stretch out among the planks of the cellar
And dream, think up ways and means, resolve little emergency problems.
It was at that moment that I put into practice my famous method
    for interpreting dreams
Which consists in doing violence to oneself and then imagining what
    one would like,
Conjuring up scenes that I had worked out beforehand with the help
    of powers from other worlds.
In this manner I was able to obtain priceless information
Concerning a string of anxieties that afflict our being:
Foreign travel, erotic disorders, religious complexes.
But all precautions were inadequate,
Because, for reasons hard to set forth
I began sliding automatically down a sort of inclined plane.
My soul lost altitude like a punctured balloon,
The instinct of self-preservation stopped functioning
And, deprived of my most essential prejudices,
I fell unavoidably into the telephone trap
Which sucks in everything around it, like a vacuum,
And with trembling hands I dialed that accursed number
Which even now I repeat automatically in my sleep.
Uncertainty and misery filled the seconds that followed,

En que yo, como un esqueleto de pie delante de esa mesa del infierno
Cubierta de una cretona amarilla,
Esperaba una respuesta desde el otro extremo del mundo,
La otra mitad de mi ser prisionera en un hoyo.
Esos ruidos entrecortados del teléfono
Producían en mí el efecto de las máquinas perforadoras de los dentistas,
Se incrustaban en mi alma como agujas lanzadas desde lo alto
Hasta que, llegado el momento preciso,
Comenzaba a transpirar y a tartamudear febrilmente.
Mi lengua parecida a un beefsteak de ternera
Se interponía entre mi ser y mi interlocutora
Como esas cortinas negras que nos separan de los muertos.
Yo no deseaba sostener esas conversaciones demasiado íntimas
Que, sin embargo, yo mismo provocaba en forma torpe
Con mi voz anhelante, cargada de electricidad.
Sentirme llamado por mi nombre de pila
En ese tono de familiaridad forzada
Me producía malestares difusos,
Perturbaciones locales de angustia que yo procuraba conjurar
A través de un método rápido de preguntas y respuestas
Creando en ella un estado de efervescencia pseudoerótico
Que a la postre venía a repercutir en mí mismo
Bajo la forma de incipientes erecciones y de una sensación de fracaso.
Entonces me reía a la fuerza cayendo después en un estado de postración
    mental.
Aquellas charlas absurdas se prolongaban algunas horas
Hasta que la dueña de la pensión aparecía detrás del biombo
Interrumpiendo bruscamente aquel idilio estúpido,
Aquellas contorsiones de postulante al cielo
Y aquellas catástrofes tan deprimentes para mi espíritu
Que no terminaban completamente con colgar el teléfono
Ya que, por lo general, quedábamos comprometidos
A vernos al día siguiente en una fuente de soda
O en la puerta de una iglesia de cuyo nombre no quiero acordarme.

While I, like a skeleton standing before that table from hell
Covered with yellow cretonne,
Waited for an answer from the other end of the world,
The other half of my being, imprisoned in a pit.
Those intermittent telephone noises
Worked on me like a dentist's drill,
They sank into my soul like needles shot from the sky
Until, when the moment itself arrived
I started to sweat and to stammer feverishly,
My tongue like a veal steak
Obtruded between my being and her who was listening,
Like those black curtains that separate us from the dead.
I never wanted to conduct those overintimate conversations
Which I myself provoked, just the same, in my stupid way,
My voice thick with desire, and electrically charged.
Hearing myself called by my first name
In that tone of forced familiarity
Filled me with a vague discomfort,
With anguished localized disturbances which I contrived to keep in check
With a hurried system of questions and answers
Which roused in her a state of pseudoerotic effervescence
That eventually affected me as well
With incipient erections and a feeling of doom.
Then I'd make myself laugh and as a result fall into a state of mental
        prostration.
These ridiculous little chats went on for hours
Until the lady who ran the pension appeared behind the screen
Brusquely breaking off our stupid idyll.
Those contortions of a petitioner at the gates of heaven
And those catastrophes which so wore down my spirit
Did not stop altogether when I hung up
For usually we had agreed
To meet next day in a soda fountain
Or at the door of a church whose name I prefer to forget.

[W.S.M.]

SOLILOQUIO DEL INDIVIDUO

Yo soy el Individuo.
Primero viví en una roca
(Allí grabé algunas figuras).
Luego busqué un lugar más apropiado.
Yo soy el Individuo.
Primero tuve que procurarme alimentos,
Buscar peces, pájaros, buscar leña,
(Ya me preocuparía de los demás asuntos).
Hacer una fogata,
Leña, leña, dónde encontrar un poco de leña,
Algo de leña para hacer una fogata,
Yo soy el Individuo.
Al mismo tiempo me pregunté,
Fuí a un abismo lleno de aire;
Me respondió una voz:
Yo soy el Individuo.
Después traté de cambiarme a otra roca,
Allí también grabé figuras,
Grabé un río, búfalos,
Yo soy el Individuo.
Pero no. Me aburrí de las cosas que hacía,
El fuego me molestaba,
Quería ver más,
Yo soy el Individuo.
Bajé a un valle regado por un río,
Allí encontré lo que necesitaba,
Encontré un pueblo salvaje,
Una tribu,
Yo soy el Individuo.
Vi que allí se hacían algunas cosas,
Figuras grababan en las rocas,
Hacían fuego, ¡también hacían fuego!
Yo soy el Individuo.
Me preguntaron que de dónde venía.
Contesté que sí, que no tenía planes determinados,

THE INDIVIDUAL'S SOLILOQUY

I'm the individual.
First I lived by a rock
(I scratched some figures on it)
Then I looked for some place more suitable.
I'm the individual.
First I had to get myself food,
Hunt for fish, birds, hunt up wood
(I'd take care of the rest later)
Make a fire,
Wood, wood, where could I find any wood,
Some wood to start a little fire,
I'm the individual.
At the time I was asking myself,
Went to a canyon filled with air;
A voice answered me back:
I'm the individual.
So then I started moving to another rock,
I also scratched figures there,
Scratched out a river, buffaloes,
I'm the individual.
But I got bored with what I was doing,
Fire annoyed me,
I wanted to see more,
I'm the individual.
Went down to a valley watered by a river,
There I found what I was looking for,
A bunch of savages,
A tribe,
I'm the individual.
I saw they made certain things,
Scratching figures on the rocks,
Making fire, also making fire!
I'm the individual.
They asked me where I came from.
I answered yes, that I had no definite plans,

Contesté que no, que de ahí en adelante.
Bien.
Tomé entonces un trozo de piedra que encontré en un río
Y empecé a trabajar con ella,
Empecé a pulirla,
De ella hice una parte de mi propia vida.
Pero esto es demasiado largo.
Corté unos árboles para navegar,
Buscaba peces,
Buscaba diferentes cosas,
(Yo soy el Individuo).
Hasta que me empecé a aburrir nuevamente.
Las tempestades aburren,
Los truenos, los relámpagos,
Yo soy el Individuo.
Bien. Me puse a pensar un poco,
Preguntas estúpidas se me venían a la cabeza,
Falsos problemas.
Entonces empecé a vagar por unos bosques.
Llegué a un árbol y a otro árbol,
Llegué a una fuente,
A una fosa en que se veían algunas ratas:
Aquí vengo yo, dije entonces,
¿Habéis visto por aquí una tribu,
Un pueblo salvaje que hace fuego?
De este modo me desplacé hacia el oeste
Acompañado por otros seres,
O más bien solo.
Para ver hay que creer, me decían,
Yo soy el Individuo.
Formas veía en la obscuridad,
Nubes tal vez,
Tal vez veía nubes, veía relámpagos,
A todo esto habían pasado ya varios días,
Yo me sentía morir;
Inventé unas máquinas,

I answered no, that from here on out.
O.K.
I then took a stone I found in the river
And began working on it,
Polishing it up,
I made it a part of my life.
But it's a long story.
I chopped some trees to sail on
Looking for fish,
Looking for lots of things,
(I'm the individual.)
Till I began getting bored again.
Storms get boring,
Thunder, lightning,
I'm the individual.
O.K.
I began thinking a little bit,
Stupid questions came into my head,
Doubletalk.
So then I began wandering through forests,
I came to a tree, then another tree,
I came to a spring,
A hole with a couple of rats in it;
So here I come, I said,
Anybody seen a tribe around here,
Savage people who make fire?
That's how I moved on westward,
Accompanied by others,
Or rather alone,
Believing is seeing, they told me,
I'm the individual.
I saw shapes in the darkness,
Clouds maybe,
Maybe I saw clouds, or sheet lightning,
Meanwhile several days had gone by,
I felt as if I were dying;
Invented some machines,

Construí relojes,
Armas, vehículos,
Yo soy el Individuo.
Apenas tenía tiempo para enterrar a mis muertos,
Apenas tenía tiempo para sembrar,
Yo soy el Individuo.
Años más tarde concebí unas cosas,
Unas formas,
Crucé las fronteras
Y permanecí fijo en una especie de nicho,
En una barca que navegó cuarenta días,
Cuarenta noches,
Yo soy el Individuo.
Luego vinieron unas sequías,
Vinieron unas guerras,
Tipos de color entraron al valle,
Pero yo debía seguir adelante,
Debía producir.
Produje ciencia, verdades inmutables,
Produje tanagras,
Dí a luz libros de miles de páginas,
Se me hinchó la cara,
Construí un fonógrafo,
La máquina de coser,
Empezaron a aparecer los primeros automóviles,
Yo soy el Individuo.
Alguien segregaba planetas,
¡Arboles segregaba!
Pero yo segregaba herramientas,
Muebles, útiles de escritorio,
Yo soy el Individuo.
Se construyeron también ciudades,
Rutas,
Instituciones religiosas pasaron de moda,
Buscaban dicha, buscaban felicidad,
Yo soy el Individuo.
Después me dediqué mejor a viajar,

Constructed clocks,
Weapons, vehicles,
I'm the individual.
Hardly had time to bury my dead,
Hardly had time to sow,
I'm the individual.
Years later I conceived a few things,
A few forms,
Crossed frontiers,
And got stuck in a kind of niche,
In a bark that sailed forty days,
Forty nights,
I'm the individual.
Then came the droughts,
Then came the wars,
Colored guys entered the valley,
But I had to keep going,
Had to produce.
Produced science, immutable truths,
Produced Tanagras,
Hatched up thousand-page books.
My face got swollen,
Invented a phonograph,
The sewing machine,
The first automobiles began to appear,
I'm the individual.
Someone set up planets,
Trees got set up !
But I set up hardware,
Furniture, stationery,
I'm the individual.
Cities also got built,
Highways,
Religious institutions went out of fashion,
They looked for joy, they looked for happiness,
I'm the individual.
Afterward I devoted myself to travel,

A practicar, a practicar idiomas,
Idiomas,
Yo soy el Individuo.
Miré por una cerradura,
Sí, miré, qué digo, miré,
Para salir de la duda miré,
Detrás de unas cortinas,
Yo soy el Individuo.
Bien.
Mejor es tal vez que vuelva a ese valle,
A esa roca que me sirvió de hogar,
Y empiece a grabar de nuevo,
De atrás para adelante grabar
El mundo al revés.
Pero no: no tendría sentido.

Practicing, practicing languages
Languages,
I'm the individual.
I looked into a keyhole,
Sure, I looked, what am I saying, looked,
To get rid of all doubt looked,
Behind the curtains,
I'm the individual.
O.K.
Perhaps I better go back to that valley,
To that rock that was home,
And start scratching all over again,
Scratching out everything backward,
The world in reverse.
But it wouldn't make sense.

[L.F. & A.G.]

Poems from
Versos de Salon
(1953–1962)

CAMBIOS DE NOMBRE

A los amantes de las bellas letras
Hago llegar mis mejores deseos
Voy a cambiar de nombre a algunas cosas.

Mi posición es ésta:
El poeta no cumple su palabra
Si no cambia los nombres de las cosas.

¿Con qué razón el sol
Ha de seguir llamándose sol?
¡Pido que se le llame Micifuz
El de las botas de cuarenta leguas!

¿Mis zapatos parecen ataúdes?
Sepan que desde hoy en adelante
Los zapatos se llaman ataúdes.
Comuníquese, anótese y publíquese
Que los zapatos han cambiado de nombre:
Desde ahora se llaman ataúdes.

Bueno, la noche es larga
Todo sujeto que se estime a sí mismo
Debe tener su propio diccionario.
Y antes que se me olvide
Al propio dios hay que cambiarle nombre
Que cada cual lo llame como quiera:
Ese es un problema personal.

CHANGES OF NAME

To the lovers of belles-lettres
I offer my best wishes
I am going to change the names of some things.

My position is this:
The poet is not true to his word
If he doesn't change the names of things.

For what reason has the sun
Always been called the sun?
I say let it be called Puss
Of the Forty-League Boots!

My shoes appear to be coffins?
Know that from this day forth
Shoes shall be called coffins.
Communicate it, annotate it, publish it—
That the name of shoes has been changed:
From now on they shall be called coffins.

Well, it's a long night.
Every fool who respects himself
Has to have his own dictionary
And before I forget it
God too must have his name changed
Let each one call him what he will.
That is a personal problem.

[M.W.]

LA MONTANA RUSA

Durante medio siglo
La poesía fue
El paraíso del tonto solemne.
Hasta que vine yo
Y me instalé con mi montaña rusa.

Suban, si les parece.
Claro que yo no respondo si bajan
Echando sangre por boca y narices.

EN EL CEMENTERIO

Un anciano de barbas respetables
Se desmaya delante de una tumba.
En la caída se rompe una ceja.
Observadores tratan de ayudarlo:
Uno le toma el pulso
Otro le echa viento con un diario.

Otro dato que puede interesar:
Una mujer lo besa en la mejilla.

ROLLER COASTER

For half a century
Poetry was the paradise
Of the solemn fool.
Until I came
And built my roller coaster.

Go up, if you feel like it.
I'm not responsible if you come down
With your mouth and nose bleeding.

[M.W.]

IN THE GRAVEYARD

An old man with a respectable beard
Faints in front of a tomb
Breaks open an eyebrow
The people around him try to help:
One takes his pulse
One fans him with a paper.

Another fact that may be of some interest:
A woman kisses him on the cheek.

[M.W.]

SE ME OCURREN IDEAS LUMINOSAS

En un banco del Parque Forestal
Casi me vuelve loco una mujer.
¡Esa sí que fue noche de Walpurgis!

Empezamos tratándonos de usted.
Yo no tenía mucho que decir,
Ella cambia de tema a cada rato.
Hace clases de piano a domicilio,
Ella misma costea sus estudios,
Enemiga mortal del cigarrillo,
Sigue taquigrafía por correo,
Piensa matricularse en Obstetricia,
El hinojo la hace estornudar,
Sueña que se le extirpan las amígdalas,
El color amarillo la subleva,
Piensa pasar el dieciocho en Linares,
Hace un mes se operó de apendicitis.

Una vez se cayó de un eucalipto.

Como si todo esto fuera poco
Dice que su cuñado la persigue:
Noches atrás se le metió a la pieza.
Yo le recito un soneto de Shakespeare.

La verdad es que apenas la soporto.
Me da rabia tener que simular:
Se me ocurren ideas luminosas.
Yo también digo cosas por decir.
Cada cual teoriza por su lado:
¿Nos metemos un rato en un hotel?
—Dice que hay que esperar una semana.

CLEVER IDEAS OCCUR TO ME

On a bench in Forest Park
A woman almost drove me crazy,
God, that was a real Walpurgis Night.

We started out with "Usted."
I didn't have very much to say;
She changed the subject every other sentence.
She gives piano lessons at home
Pays her own way at school
Is a mortal enemy of the cigarette
Takes a course in shorthand by correspondence
Thinks about taking a course in obstetrics
Fennel makes her sneeze
She dreams her tonsils are being taken out
Yellow excites her
She plans to spend the holiday in Linares
Had her appendix out a month ago.

Once she fell from a eucalyptus tree

As if this were nothing
She says her brother-in-law is chasing her
Several nights ago he broke into her room.

I recite her a sonnet from Shakespeare.

The truth is I can barely stand her.
I get mad trying to pretend.
Clever ideas occur to me.
I also say something just for something to say.
Everyone follows his own theories.
Why don't we go to a hotel for a while?

—She says she'll have to put it off a week

Voy a dejarla en taxi a la pensión.
Me promete llamarme por teléfono.

CONVERSACION GALANTE

—Hace una hora que estamos aquí
Pero siempre contestas con lo mismo;
Quieres volverme loca con tus chistes
Pero tus chistes me los sé de memoria.
¿No te gusta la boca ni los ojos?
—Claro que sí que me gustan los ojos.
—¿Pero por qué no los besas, entonces?
—Claro que sí que los voy a besar.
—¿No te gustan los senos ni los muslos?
—¡Cómo no van a gustarme los senos!
—Pero entonces, ¿por qué no reaccionas?
Tócalos, aprovecha la ocasión.
—No me gusta tocarlos a la fuerza.
—¿Y para qué me hiciste desnudarme?
—Yo no te dije que te desnudaras.
Fuiste tú misma quien se desnudó:
Vístase, antes que llegue su marido.
En vez de discutir
Vístase, antes que llegue su marido.

I take her to her rooming house
In a taxi.
She promises to call.

[M.W.]

LOVE TALK

We've been here an hour
But you always come up with the same old answer
You want to drive me crazy with your jokes
But I know them by heart.
Don't you like my mouth? Don't you like my eyes?
—Of course I like your eyes.
—Then why don't you kiss them?
—What makes you think I'm not going to kiss them?
—Why don't you like my thighs or my breasts?
—What do you mean, I don't like your breasts!
—Then why don't you show it?
  Touch them, while you have the chance.
—I don't like for you to make me do it.
—Then why did you make me undress?
—I didn't tell you to undress.
  You did it yourself
  Look, put your clothes on before your husband gets home
  Stop talking and put your clothes on
  Before your husband gets home.

[M.W.]

VIAJE POR EL INFIERNO

En una silla de montar
Hice un viaje por el infierno.

En el primer círculo vi
Unas figuras recostadas
Contra unos sacos de trigo.

En el segundo círculo andaban
Unos hombres en bicicleta
Sin saber dónde detenerse
Pues las llamas se lo impedían.

En el tercer círculo vi
Una sola figura humana
Que parecía hermafrodita.

Esa figura sarmentosa
Daba de comer a unos cuervos.

Seguí trotando y galopando
Por espacio de varias horas
Hasta que llegué a una cabaña
En el interior de un bosque
Donde vivía una bruja.

Un perro me quiso morder.

En el círculo número cuatro
Vi un anciano de luengas barbas
Calvo como una sandía
Que construía un pequeño barco
En el interior de una botella.

Me dio una mirada afable.

JOURNEY THROUGH HELL

On a saddle without a horse
I made a journey through hell.

In the first circle I saw
A few figures reclining
On bags of wheat.

In the second circle
Some men riding bicycles
Didn't know where to stop
Because of the flames.

In the third circle I saw
Only one human figure
It appeared to be a hermaphrodite.

A thin and twisted figure
Feeding crows.

I went on trotting and galloping
Through a space of hours
Until in a forest I came upon a cabin
Where a witch lived.

A dog tried to bite me.

In circle four
An old man with a long beard
Bald as a watermelon
Building a little boat
In a bottle.

He gave me a kind look.

En el círculo número cinco
Vi unos jóvenes estudiantes
Jugando fútbol araucano
Con una pelota de trapo.

Hacía un frío salvaje.
Tuve que pasar la noche
En vela en un cementerio
Arrimado contra una tumba
Para no morirme de frío.

Al otro día continué
Mi viaje por unos cerros
Y vi por primera vez
Los esqueletos de los árboles
Incendiados por los turistas.

Sólo quedaban dos círculos.

En uno me vi yo mismo
Sentado a una mesa negra
Comiendo carne de pájaro:
Mi única compañía
Era una estufa a parafina.

En el círculo número siete
No vi absolutamente nada
Sólo oí ruidos extraños
Escuché unas risas espantosas
Y unos suspiros profundos
Que me perforaban el alma.

In circle five
I saw some students
Playing Indian hockey
With a ball of rags.

It was savagely cold.
I had to pass the night
Keeping vigil in a graveyard
Sheltered behind a tomb
To keep from freezing.

The next day I went on
Into some hills
I saw for the first time
The skeletons of trees
Burned by the tourists.

Two circles were left.

In one I saw myself
Sitting at a black table
Eating the flesh of a bird:
My only companion
Was a kerosene stove.

In the seventh circle
I saw absolutely nothing
All I heard were strange sounds
I heard a horrible laughter
And a deep breathing
That tore open my soul.

[M.W.]

LA DONCELLA Y LA MUERTE

Una doncella rubia se enamora
De un caballero que parece la muerte.

La doncella lo llama por teléfono
Pero él no se da por aludido.

Andan por unos cerros
Llenos de lagartijas de colores.

La doncella sonríe
Pero la calavera no ve nada.

Llegan a una cabaña de madera,
La doncella se tiende en un sofá
La calavera mira de reojo.

La doncella le ofrece una manzana
Pero la calavera la rechaza,
Hace como que lee una revista.

La doncella rolliza
Toma una flor que hay en un florero
Y se la arroja a boca de jarro.

Todavía la muerte no responde.

Viendo que nada le da resultado
La doncella terrible
Quema todas sus naves de una vez:
Se desnuda delante del espejo,
Pero la muerte sigue imperturbable.

Ella sigue moviendo las caderas
Hasta que el caballero la posee.

DEATH AND THE MAIDEN

A blonde maiden falls in love
With a man who looks like Death.

She calls him on the phone
But he pretends not to understand.

They hike through hills
Full of brilliant lizards.

She smiles
But the skull sees nothing.

They come to a cabin
The maiden places herself on a sofa
The skull watches in the corner of his eye.

She offers the skull an apple
But he refuses it.
He pretends to be reading a magazine.

The maiden is round of body
And suddenly in cold blood
Throws a flower at him.

Still Death does nothing.

Seeing the way things are
The terrible virgin
Burns all her ships at once:
Undresses in front of a mirror
But Death does nothing.

She keeps on moving her hips
Until he takes her.

[M.W.]

PIDO QUE SE LEVANTE LA SESION

Señoras y señores:
Yo voy a hacer una sola pregunta:
¿Somos hijos del sol o de la tierra?
Porque si somos tierra solamente
No veo para qué
continuamos filmando la película:
Pido que se levante la sesión.

MOMIAS

Una momia camina por la nieve
Otra momia camina por el hielo
Otra momia camina por la arena.

Una momia camina por el prado
Una segunda momia la acompaña.

Una momia conversa por teléfono
Otra momia se mira en un espejo.

Una momia dispara su revólver.

Todas las momias cambian de lugar
Casi todas las momias se retiran.

Varias momias se sientan a la mesa
Unas momias ofrecen cigarrillos
Una momia parece que bailara.

Una momia más vieja que las otras
Da de mamar a su niño de pecho.

I MOVE THE MEETING BE ADJOURNED

Ladies and gentlemen
I have only one question:
Are we children of the Sun or of the Earth?
Because if we are only Earth
I see no reason
To continue shooting this picture!
I move the meeting be adjourned.

[A.G.]

MUMMIES

One mummy walks on snow
Another mummy walks on ice
Another mummy walks on sand.

A mummy walks through the meadow
A second mummy goes with her.

One mummy talks on the phone
Another mummy views herself in the mirror.

One mummy fires her revolver.

All the mummies change places
Almost all the mummies withdraw.

A few mummies sit down at the table
Some mummies offer cigarettes
One mummy seems to be dancing.

One mummy older than the others
Puts her baby to her breast.

[T.M.]

MARIPOSA

En el jardín que parece un abismo
La mariposa llama la atención:
Interesa su vuelo recortado
Sus colores brillantes
Y los círculos negros que decoran las puntas de las alas.

Interesa la forma del abdomen.
Cuando gira en el aire
Iluminada por un rayo verde
Como cuando descansa del efecto
Que le producen el rocío y el polen
Adherida al anverso de la flor
No la pierdo de vista
Y si desaparece
Más allá de la reja del jardín
Porque el jardín es chico
O por exceso de velocidad
La sigo mentalmente
Por algunos segundos
Hasta que recupero la razón.

BUTTERFLY

In the garden that seems an abyss
A butterfly catches the eye:
Interesting, the zigzag flight
The brilliant colors
And the black circles
At the points of the wings.
Interesting
The form of the abdomen.

When it turns in the air
Lit by a green ray
As when it gets over the effect
Produced by dew and pollen
Clinging to the obverse of a flower
I do not let it out of sight
And if it disappears
Beyond the railings of the garden fence
At an excessive speed
Or because the garden is small
I follow mentally
For a moment or two
Until I recover
My reason.

[T.M.]

SUEÑOS

Sueño con una mesa y una silla
Sueño que me doy vuelta en automóvil
Sueño que estoy filmando una película
Sueño con una bomba de bencina
Sueño que soy un turista de lujo
Sueño que estoy colgando de una cruz
Sueño que estoy comiendo pejerreyes
Sueño que voy atravesando un puente
Sueño con un aviso luminoso
Sueño con una dama de bigotes
Sueño que voy bajando una escalera
Sueño que le doy cuerda a una victrola
Sueño que se me rompen los anteojos
Sueño que estoy haciendo un ataúd
Sueño con el sistema planetario
Sueño con una hoja de afeitar
Sueño que estoy luchando con un perro
Sueño que estoy matando una serpiente.

Sueño con pajarillos voladores
Sueño que voy arrastrando un cadáver
Sueño que me condenan a la horca
Sueño con el diluvio universal
Sueño que soy una mata de cardo.

Sueño también que se me caen los díentes.

DREAMS

I dream of a table and a chair
I dream I'm turning over a car
I dream I'm filming a movie
I dream of a gas station
I dream I'm a first-class tourist
I dream I'm hanging from a cross
I dream I'm eating mackerel
I dream I'm crossing a bridge
I dream of a neon sign
I dream of a lady with a mustache
I dream I'm going down the stairs
I dream I'm winding a Victrola
I dream my glasses break
I dream I'm building a coffin
I dream of the planetary system
I dream of a razor blade
I dream I'm fighting with a dog
I dream I'm killing a snake

I dream of little birds flying
I dream I'm dragging a corpse
I dream they sentence me to hang
I dream of the Great Flood
I dream I'm a thistle bush

I dream, too, that my teeth are falling out.

[M.W.]

VIDA DE PERROS

El profesor y su vida de perros.
La frustración en diferentes planos.
La sensación de molestia a los dientes
Que produce el sonido de la tiza.

El profesor y la mujer exacta.
El profesor y la mujer precisa.
¡Dónde encontrar a la mujer precisa!
Una mujer que sea lo que es,
Una mujer que no parezca hombre.

El dolor oscurece la visual,
Las arrugas que van apareciendo.
La vejez de los propios estudiantes,
Las repetidas faltas de respeto.
La manera de andar por los pasillos.

El insulto se puede resistir
Pero no la sonrisa artificial,
El comentario que produce náuseas.

El liceo es el templo del saber.

El director del establecimiento
Con su bigote de galán de cine.

La desnudez de la señora esposa
(La mirada tropieza con un búho,
Con un cabello demasiado liso).
La supresión del beso en la mejilla
(Más difícil parar que comenzar)
El hogar es un campo de batalla.

La mujer se defiende con las piernas.

DOG'S LIFE

The professor and the dog's life.
Frustration on all planes.
The sense of trouble inside the teeth
When chalk scrapes.

The professor and the exact woman.
The professor and the precise woman.
Where do you find the precise woman?!
A woman who is what she is
A woman who doesn't look like a man.

The pain obscures the vision,
The wrinkles that keep coming,
The age of your own students,
The repeated signals of disrespect.
The way of walking down the hall.

You can take the insults
But not the artificial smile,
The talk that leaves you nauseated.

The school is the temple of knowledge.

The master of the establishment
And his mustache
Like an old movie lover

The nakedness of the professor's wife
(The look breaks on an owl,
The hair is too plain)
Leaving out the kiss on the cheek
(More difficult to stop than to begin)
The home is a field of battle.

The woman defends herself with her legs.

Los problemas sexuales de los viejos
Aparecer en una antología,
Provocar el espasmo artificial.

El profesor ya no tiene remedio:
El profesor observa las hormigas.

LA POESIA TERMINO CONMIGO

Yo no digo que ponga fin a nada
No me hago ilusiones al respecto
Yo quería seguir poetizando
Pero se terminó la inspiración.
La poesía se ha portado bien
Yo me he portado horriblemente mal.

Qué gano con decir
Yo me he portado bien
La poesía se ha portado mal
Cuando saben que yo soy el culpable.

¡Está bien que me pase por imbécil!

La poesía se ha portado bien
Yo me he portado horriblemente mal
La poesía terminó conmigo.

The sexual problems of the old
To appear in an anthology,
To bring on artificial spasms.

As yet the professor has no remedy:
The professor is observing the ants.

[M.W.]

POETRY ENDS WITH ME

I'm not putting an end to anything
I don't have any illusions about that
I wanted to keep on making poems
But the inspiration stopped.
Poetry has acquitted itself well
I have conducted myself horribly.

What do I gain by saying
I have acquitted myself well
And poetry has conducted itself badly
When everybody knows I'm to blame?

This is what an imbecile deserves!

Poetry has acquitted itself well
I have conducted myself horribly
Poetry ends with me.

[M.W.]

MUJERES

La mujer imposible,
La mujer de dos metros de estatura,
La señora de mármol de Carrara
Que no fuma ni bebe,
La mujer que no quiere desnudarse
Por temor a quedar embarazada,
La vestal intocable
Que no quiere ser madre de familia,
La mujer que respira por la boca,
La mujer que camina
Virgen hacia la cámara nupcial
Pero que reacciona como hombre,
La que se desnudó por simpatía
(Porque le encanta la música clásica)
La pelirroja que se fue de bruces,
La que sólo se entrega por amor
La doncella que mira con un ojo,
La que sólo se deja poseer
En el diván, al borde del abismo,
La que odia los órganos sexuales,
La que se une sólo con su perro,
La mujer que se hace la dormida
(El marido la alumbra con un fósforo)
La mujer que se entrega porque sí
Porque la soledad, porque el olvido . . .
La que llegó doncella a la vejez,
La profesora miope,
La secretaria de gafas oscuras,
La señorita pálida de lentes
(Ella no quiere nada con el falo)
Todas estas walkirias
Todas estas matronas respetables
Con sus labios mayores y menores
Terminarán sacándome de quicio.

WOMEN

The impossible woman
The woman three yards high
The lady of Carrara marble
Who doesn't drink or smoke
The woman who doesn't want to undress
For fear of becoming pregnant
The untouchable vestal
Who doesn't want to have babies
The woman who breathes through her mouth
The woman who walks virgin to the marriage bed
But then acts like a man
She who undresses out of kindness
Because classical music enchants her
The redhead who lies face down
The one who only surrenders for love
The maiden who peeks with one eye
The one who lets herself be taken
Only on the sofa, at the edge of the abyss
The one who hates the sexual organs
The one who only makes it with her dog
The wife who pretends to be asleep
(Her husband shines a match on her)
The woman who surrenders for no reason
For loneliness, forgetfulness . . .
The one who carries her maidenhead to old age
The nearsighted lady professor
The secretary with sunglasses
The pale miss with spectacles
(She doesn't want anything to do with a phallus)
All these Valkyries
All these respectable matrons
With their labia major and minor
Will drive me out of my mind sooner or later.

[D.L.]

FUENTES DE SODA

Aprovecho la hora del almuerzo
Para hacer un examen de conciencia
¿Cuántos brazos me quedan por abrir?
¿Cuántos pétalos negros por cerrar?
¡A lo mejor soy un sobreviviente!

El receptor de radio me recuerda
Mis deberes, las clases, los poemas
Con una voz que parece venir
Desde lo más profundo del sepulcro.
El corazón no sabe qué pensar.

Hago como que miro los espejos
Un cliente estornuda a su mujer
Otro enciende un cigarro
Otro lee Las Ultimas Noticias.

¡Qué podemos hacer, árbol sin hojas,
En un dia tan cruel
En una noche tan ceremoniosamente cobarde!

Responde sol oscuro
Ilumina un instante
Aunque después te apagues para siempre.

SODA FOUNTAINS

I take advantage of breakfast time
To examine my conscience
How many arms do I still have to open?
How many black petals still to close?
Like as not I am a survivor!

The radio reminds me
Of my duties: classes, poems
With a voice that seems to come
From the bottom of the grave.
The heart knows not what to think.

I make out I am looking in the mirrors.
A customer sneezes at his wife
Another lights a cigarette
Another reads the news.

What are we to do, trees without leaves,
On such a cruel day.
So cowardly and ceremonious a night!

Answer, dark sun
Turn on for a moment
Even if then
You go out forever.

[T.M.]

EL PEQUENO BURGUES

El que quiera llegar al paraíso
Del pequeño burgués tiene que andar
El camino del arte por el arte
Y tragar cantidades de saliva:
El noviciado es casi interminable.

Lista de lo que tiene que saber.
Anudarse con arte la corbata
Deslizar la tarjeta de visita
Sacudirse por lujo los zapatos
Consultar el espejo veneciano
Estudiarse de frente y de perfil
Ingerir una dosis de cognac
Distinguir una viola de un violín
Recibir en pijama a las visitas
Impedir la caída del cabello
Y tragar cantidades de saliva.

Todo tiene que estar en sus archivos.
Si su mujer se entusiasma con otro
Le recomiendo los siguientes trucos:
Afeitarse con hojas de afeitar
Admirar las bellezas naturales
Hacer crujir un trozo de papel
Sostener una charla por teléfono
Disparar con un rifle de salón
Arreglarse las uñas con los dientes
Y tragar cantidades de saliva.

Si desea brillar en los salones
El pequeño burgués
Debe saber andar en cuatro pies
Estornudar y sonreír a un tiempo
Bailar un vals al borde del abismo
Endiosar a los órganos sexuales

LITANY OF THE LITTLE BOURGEOIS

If you want to get to the heaven
Of the little bourgeois, you must go
By the road of Art for Art's sake
And swallow a lot of saliva:
The apprenticeship is almost interminable.

A list of what you must learn how to do:
Tie your necktie artistically
Slip your card to the right people
Polish shoes that are already shined
Consult the Venetian mirror
(Head-on and in profile)
Toss down a shot of brandy
Tell a viola from a violin
Receive guests in your pajamas
Keep your hair from falling
And swallow a lot of saliva.

Best to have everything in your kit.
If the wife falls for somebody else
We recommend the following:
Shave with razor blades
Admire the Beauties of Nature
Crumple a sheet of paper
Have a long talk on the phone
Shoot darts with a popgun
Clean your nails with your teeth
And swallow a lot of saliva.

If he wants to shine at social gatherings
The little bourgeois
Must know how to walk on all fours
How to smile and sneeze at the same time
Waltz on the edge of the abyss
Deify the organs of sex

Desnudarse delante del espejo
Deshojar una rosa con un lápiz
Y tragar toneladas de saliva.

A todo esto cabe preguntarse
¿Fue Jesucristo un pequeño burgués?

Como se ve, para poder llegar
Al paraíso del pequeño burgués
Hay que ser un acróbata completo:
Para poder llegar al paraíso
Hay que ser un acróbata completo.

¡Con razón el artista verdadero
Se entretiene matando matapiojos!

Para salir del círculo vicioso
Recomiendan el acto gratuito:

Aparecer y desaparecer
Caminar en estado cataléptico
Bailar un vals en un montón de escombros
Acunar un anciano entre los brazos
Sin despegar la vista de su vista
Preguntarle la hora al moribundo
Escupir en el hueco de la mano
Presentarse de frac en los incendios
Arremeter con el cortejo fúnebre
Ir más allá del sexo femenino
Levantar esa losa funeraria
Ver si cultivan árboles adentro
Y atravesar de una vereda a otra
Sin referencias ni al porqué ni al cuándo
Por la sola virtud de la palabra
Con su bigote de galán de cine
A la velocidad del pensamiento.

Undress in front of a mirror
Rape a rose with a pencil
And swallow tons of saliva.

And after all that we might well ask:
Was Jesus Christ a little bourgeois?

As we have seen, if you want to reach
The heaven of the little bourgeois,
You must be an accomplished acrobat:
To be able to get to heaven,
You must be a wonderful acrobat.

And how right the authentic artist is
To amuse himself killing bedbugs!

To escape from the vicious circle
We suggest the *acte gratuite*:
Appear and disappear
Walk in a cataleptic trance
Waltz on a pile of debris
Rock an old man in your arms
With your eyes fixed on his
Ask a dying man what time it is
Spit in the palm of your hand
Go to fires in a morning coat
Break into a funeral procession
Go beyond the female sex
Lift the top from that tomb to see
If they're growing trees in there
And cross from one sidewalk to the other
Without regard for when or why
. . . For the sake of the word alone . . .
. . . With his movie-star mustache . . .
. . . With the speed of thought . . .

[J.L.]

LO QUE EL DIFUNTO DIJO DE SI MISMO

Aprovecho con gran satisfacción
Esta oportunidad maravillosa
Que me brinda la ciencia de la muerte
Para decir algunas claridades
Sobre mis aventuras en la tierra,
Más adelante, cuando tenga tiempo,
Hablaré de la vida de ultratumba.

Quiero reírme un poco
Como lo hice cuando estaba vivo:
El saber y la risa se confunden.

Cuando nací mi madre preguntó
Qué voy a hacer con este renacuajo
Me dediqué a llenar sacos de harina
Me dediqué a romper unos cristales
Me escondía detrás de los rosales.

Comencé como suche de oficina
Pero los documentos comerciales
Me ponían la carne de gallina.

Mi peor enemigo fue el teléfono.

Tuve dos o tres hijos naturales.

Un tinterillo de los mil demonios
Se enfureció conmigo por el «crimen
De abandonar a la primera esposa»
Me preguntó «por qué la abandonaste»
Respondí con un golpe en el pupitre
«Esa mujer se abandonó a sí misma».

Estuve a punto de volverme loco.

WHAT THE DECEASED HAD TO SAY
ABOUT HIMSELF

With great satisfaction I take
This marvelous opportunity
Offered me by the science of death
To make a few clarifications
Concerning my adventures on earth.
Later on, when I have time,
I shall speak of life beyond the grave.

I want to laugh a little
The way I did while living:
Knowledge and laughter are one.

When I was born my mother asked:
What am I to do with this tadpole?
I applied myself to filling sacks of flour
I applied myself to breaking windows
I hid behind the rosebushes.

I started out in business
But commercial documents
Gave me goose flesh.

My worst enemy was the telephone.

I had two or three natural children.

A shyster fresh out of hell
Was furious at me for "the crime
Of abandoning your first wife"
He asked, "Why did you abandon her?"
I replied, smashing the desk with my fist,
"That woman abandoned herself."

I almost went out of my mind.

¿Mis relaciones con la religión?
Atravesé la cordillera a pie
Disfrazado de fraile capuchino
Transformando ratones en palomas.

Ya no recuerdo cómo ni por qué
«Abracé la carrera de las letras».

Intenté deslumbrar a mis lectores
A través del sentido del humor
Pero causé una pésima impresión.

Se me tildó de enfermo de los nervios.
Claro, me condenaron a galeras
Por meter la nariz en el abismo.

¡Me defendí como gato de espaldas!

Escribí en araucano y en latín
Los demás escribían en francés
Versos que hacían dar diente con diente.

En esos versos extraordinarios
Me burlaba del sol y de la luna
Me burlaba del mar y de las rocas
Pero lo más estúpido de todo
Era que me burlaba de la muerte (1)
¿Puerilidad tal vez? — ¡Falta de tacto!
Pero yo me burlaba de la muerte (2)

(1)   Los mortales se creen immortales.
(2)   Todo me pareciá divertido.

My relations with religion?
I crossed the Andes on foot
Disguised as a Capuchin friar
Changing rats into doves.

I no longer remember how or why
"I embraced the literary career."

I wished to startle my readers
Through humor
But I made a most unfortunate impression.

I became known as a nervous wreck
And of course I was sent to the penitentiary
For sticking my nose into the abyss.

I lay on my back and fought like a cat.

I wrote in Araucanian and in Latin
While the others wrote in French
Verses that made you shake all over.

In these unusual verses
I mocked sun and moon
I mocked sea and cliff
But the silliest thing of all
I mocked death. (1)
Childishness, perhaps? No,
Tactlessness
But I made fun of death. (2)

(1) Mortals imagine themselves immortal.
(2) I thought everything was funny.

Mi inclinación por las ciencias ocultas
Hízome acreedor al sambenito
De charlatán del siglo dieciocho,
Pero yo estoy seguro
Que se puede leer el porvenir
En el humo, las nubes o las flores.
Además profanaba los altares.
Hasta que me pillaron infraganti.
Moraleja, cuidado con el clero.

Me desplacé por parques y jardines
Como una especie de nuevo Quijote
Pero no me batí con los molinos
¡Nunca me disgusté con las ovejas!

¿Se entenderá lo que quiero decir?

Fui conocido en toda la comarca
Por mis extravagancias infantiles,
Yo que era un anciano respetable.

Me detenía a hablar con los mendigos
Pero no por motivos religiosos
¡Sólo por abusar de la paciencia!

Para no molestarme con el público
Simulaba tener ideas claras
Me expresaba con gran autoridad
Pero la situación era difícil
Confundía a Platón con Aristóteles.

Desesperado, loco de remate
Ideé la mujer artificial.

My inclination for the occult sciences
Earned me a note of infamy
As an eighteenth-century charlatan
But I am sure
The future may be read
In smoke, clouds, flowers.
In also profaned altars
Until taken in the act.
Moral: watch out for the clergy!

I wandered in parks and gardens
As a new Quixote
But I never fought a windmill
Never got mad at sheep.

Do I make myself clear?

I was known in the whole district
For my childish extravagances
I who was a venerable old man.

I lingered talking with beggars
Not for religious reasons
But only to abuse patience.

In order not to have difficulties with the public
I pretended to have clear ideas
I expressed myself with great authority
But the situation was delicate
I had Plato mixed up with Aristotle.

In desperation, totally insane,
I invented the artificial woman.

Pero no fui payaso de verdad
Porque de pronto me ponía serio (3)
¡Me sumergía en un abismo oscuro!

Encendía la luz a medianoche
Presa de los más negros pensamientos
Que parecían órbitas sin ojos.
No me atrevía ni a mover un dedo
Por temor a irritar a los espíritus.
Me quedaba mirando la ampolleta.

Se podría filmar una película
Sobre mis aventuras en la tierra
Pero yo no me quiero confesar,
Sólo quiero decir estas palabras:

Situaciones eróticas absurdas,
Repetidos intentos de suicidio
Pero morí de muerte natural.

Los funerales fueron muy bonitos.
El ataúd me pareció perfecto.
Aunque no soy caballo de carrera
Gracias por las coronas tan bonitas.

¡No se rían delante de mi tumba
Porque puedo romper el ataúd
Y salir disparado por el cielo!

(3)   Querubín o demonio derrotado.

But I was not a clown after all
Because I got serious all of a sudden (3)
I plunged into a dark abyss
I put on the light at midnight
A prey to blackest thoughts
Which seemed sockets without eyes
I hardly dared to move a finger
Fearing to vex the spirits
I remained gazing at the vial.

You could make a movie
Of my adventures on earth
But I do not want to make my confession
I only want to say these few words:

Absurd erotic situations
Repeated attempts at suicide
Yet I died a natural death.

The funeral was very nice
The casket was, I thought, perfect.
Though I am not a race horse
Thanks for the pretty wreaths.

Don't go laughing in front of my grave
I might break through the coffin
And take off for heaven like a rocket.

(3) Being a cherub or defeated demon.

[T.M.]

DISCURSO FUNEBRE

Es un error creer que las estrellas
Puedan servir para curar el cáncer
El astrólogo dice la verdad
Pero en este respecto se equivoca.
Médico, el ataúd lo cura todo.

Un caballero acaba de morir
Y se ha pedido a su mejor amigo
Que pronuncie las frases de rigor,
Pero yo no quisiera blasfemar,
Sólo quisiera hacer unas preguntas.

La primera pregunta de la noche
Se refiere a la vida de ultratumba:
Quiero saber si hay vida de ultratumba
Nada más que si hay vida de ultratumba.

No me quiero perder en este bosque.
Voy a sentarme en esta silla negra
Cerca del catafalco de mi padre
Hasta que me resuelvan mi problema.
¡Alguien tiene que estar en el secreto!

Cómo no va a saber el marmolista
O el que le cambia la camisa al muerto.
¿El que construye el nicho sabe más?
Que cada cual me diga lo que sabe,
Todos estos trabajan con la muerte
¡Estos deben sacarme de la duda!

Sepulturero, dime la verdad,
Cómo no va a existir un tribunal,
O los propios gusanos son los jueces!

FUNERAL ADDRESS

It is wrong to believe the stars can cure cancer
The astrologer tells the truth
But in this he is wrong.
Doctor, the coffin cures everything.

A gentleman has just died.
They have asked his best friend
To say some words
But I wouldn't want to blaspheme.
I would only like to ask some questions.

The first question for the night
Has to do with life beyond the grave:
I want to learn about life beyond the grave
Only if there is life beyond the grave.

I don't want to get lost in these woods.
I'll sit in this black chair
Near the catafalque of my father
Until they work out my problem.
Someone has to be in on the secret!

How could the stonecutter not know
Or the man who dresses the dead.
Does the one who builds the niche know more?
Let every one of them tell me what he knows,
All of these types work with the dead.
They are the ones to take away the doubt!

Gravedigger, tell me the truth,
Of course there has to be a judgment
Or these maggots already are the judges!

Tumbas que parecéis fuentes de soda
Contestad o me arranco los cabellos
Porque ya no respondo de mis actos,
Sólo quiero reir y sollozar.

Nuestros antepasados fueron duchos
En la cocinería de la muerte:
Disfrazaban al muerto de fantasma,
Como para alejarlo más aún,
Como si la distancia de la muerte
No fuera de por sí inconmensurable.

Hay una gran comedia funeraria.

Dícese que el cadáver es sagrado,
Pero todos se burlan de los muertos.
¡Con qué objeto los ponen en hileras
Como si fueran latas de sardinas!

Dícese que el cadáver ha dejado
Un vacío difícil de llenar
Y se componen versos en su honor.
¡Falso, porque la viuda no respeta
Ni el ataúd ni el lecho del difunto!

Un profesor acaba de morir.
¿Para qué lo despiden los amigos?
¿Para qué resucite por acaso?
¡Para lucir sus dotes oratorias!
¿Y para qué se mesan los cabellos?
¡Para estirar los dedos de la mano!

En resumen, señoras y señores,
Sólo yo me conduelo de los muertos.
Yo me olvido del arte y de la ciencia

Tombs that look like soda fountains
Answer before I jerk my hair out.
Look, I'm not responsible for my acts.
All I want to do is laugh and cry.
Our fathers were skilled
In the ways of death.
They disguised the dead as a ghost
To put him further away.
As if the distance to death
Were not in itself immeasurable.

There is a great funereal comedy.

They say the corpse is sacred
But they all make fun of the dead.
Why do they lay them in rows
As if they were sardines?

They say the corpse has left
A void not easily filled
And they make up verses in its honor.
False! For the widow respects
Neither the coffin nor the deathbed!

A professor has just died
Why do the friends come to bid him farewell?
To revive him perhaps?
To show off their oratorical gifts!
Why do they tear their hair?
To stretch their fingers!

To sum it up, ladies and gentlemen,
I alone sympathize with the dead.
I forget about art and science

Por visitar sus chozas miserables.
Sólo yo, con la punta de mi lápiz,
Hago sonar el mármol de las tumbas.

Pongo las calaveras en su sitio.

Los pequeños ratones me sonríen
Porque soy el amigo de los muertos.

Estoy viejo, no sé lo que me pasa.
¿Por qué sueño clavado en una cruz?
Han caído los últimos telones.
Yo me paso la mano por la nuca
Y me voy a charlar con los espíritus.

EL GALAN IMPERFECTO

Una pareja de recién casados
Se detiene delante de una tumba.
Ella viste de blanco riguroso.

Para ver sin ser visto
Yo me escondo detrás de una columna.

Mientras la novia triste
Desmaleza la tumba de su padre
El galán imperfecto
Se dedica a leer una revista.

To visit their miserable huts.
Only I with the point of my pencil
Make the marble of the tomb ring.

I set the skulls in place.

The little rats smile at me
Because I am a friend of the dead.

I am old. I don't know what's the matter with me.
Why do I dream that I am nailed to a cross?
The last curtains have fallen.
I run my hand through my hair
I am going to talk with the ghosts.

[M.W.]

THE IMPERFECT LOVER

A pair of newlyweds
Halt before a tomb
She is in severe white.

To observe without being seen
I hide behind a pillar.

While the sad bride
Weeds her father's grave
The imperfect lover devotes himself
To reading a magazine.

[T.M.]

VERSOS SUELTOS

Un ojo blanco no me dice nada
Hasta cuándo posar de inteligente
Para qué completar un pensamiento.
¡Hay que lanzar al aire las ideas!
El desorden también tiene su encanto
Un murciélago lucha con el sol:
La poesía no molesta a nadie
Y la fucsia parece bailarina.

La tempestad si no es sublime aburre
Estoy harto del dios y del demonio
¿Cuánto vale ese par de pantalones?
El galán se libera de su novia
Nada más antipático que el cielo
Al orgullo lo pintan de pantuflas:
Nunca discute el alma que se estima.
Y la fucsia parece bailarina.

El que se embarca en un violín naufraga
La doncella se casa con un viejo
Pobre gente no sabe lo que dice
Con el amor no se le ruega a nadie:
En vez de leche le salía sangre
Sólo por diversión cantan las aves
Y la fucsia parece bailarina.

Una noche me quise suicidar
El ruiseñor se ríe de sí mismo
La perfección es un tonel sin fondo
Todo lo transparente nos seduce:
Estornudar es el placer mayor
Y la fucsia parece bailarina.

THE SHUFFLED DECK

A white eye tells me nothing
When do we stop being smart
What's the use of completing a thought
We have to sling ideas into the air
Disorder also has its charm
A bat fights with the sun:
Poetry bothers no one
And the fuchsia looks like a ballerina.

The storm that isn't sublime is a bore
I've had it with God and the Devil
How much is that pair of pants
The gentleman frees himself from his lady
Nothing is more hostile than the heavens
We think pride wears slippers:
The self-respecting soul never argues
And the fuchsia looks like a ballerina.

Who puts to sea in a violin will sink
The young virgin marries an old man
Poor fools, they're talking through their hats
Love is not a thing to offer twice:
They give blood instead of milk
Birds sing only for the fun of it
And the fuchsia looks like a ballerina.

One night I considered suicide
The mockingbird laughs at himself
Perfection is a barrel with no bottom
Everything transparent seduces us:
To sneeze is the greatest pleasure
And the fuchsia looks like a ballerina.

Ya no queda muchacha que violar
En la sinceridad está el peligro
Yo me gano la vida a puntapiés
Entre pecho y espalda hay un abismo
Hay que dejar morir al moribundo:
Mi catedral es la sala de baño
Y la fucsia parece bailarina.

Se reparte jamón a domicilio
¿Puede verse la hora en una flor?
Véndese crucifijo de ocasión
La ancianidad también tiene su premio
Los funerales sólo dejan deudas:
Júpiter eyacula sobre Leda
Y la fucsia parece bailarina.

Todavía vivimos en un bosque
¿No sentís el murmullo de las hojas?
Porque no me diréis que estoy soñando
Lo que yo digo debe ser así
Me parece que tengo la razón
Yo también soy un dios a mi manera
Un creador que no produce nada:
Yo me dedico a bostezar a full
Y la fucsia parece bailarina.

There are no girls left to rape
The danger is in being sincere
I'll do anything to make a buck
Between the breast and the back is an abyss
We must leave dying to the dying:
My cathedral is the bathroom
And the fuchsia looks like a ballerina.

We deliver ham to your home
Can you tell the time by flowers
Second hand crucifixes sold here
Old age also has its reward
The funeral leaves nothing but debts:
Jupiter ejaculates over Leda
And the fuchsia looks like a ballerina.

We are still living in a forest
Can't you hear the wind in the leaves?
You are never going to tell me I'm dreaming
Everything I say has got to be true
I think I'm making sense
I too am a god in my way
A creator who creates nothing:
I dedicate myself to a slow yawn
And the fuchsia looks like a ballerina.

[M.W.]

Poems from
Canciones Rusas
(1963–1964)

NIEVE

Empieza
   a
      caer
        otro
          poco
            de
              nieve
Como si fuera poca
Toda la nieve que ha caído en Rusia
Desde que el joven Pushkin
Asesinado por orden del zar
En las afueras de San Petesburgo
Se despidió de la vida diciendo
Empieza
   a
      caer
        otro
          poco
            de
              nieve
Como si fuera poca
Toda la nieve que ha caído en Rusia
Toda la sangre que ha caído en Rusia
Desde que el joven Pushkin
Asesinado por orden del zar
En las afueras de San Petesburgo
Se despidió de la vida diciendo

SNOW

A
       little
              snow
                     is
                            starting
                                   to
                                          fall
                                                 again
As if all the snow that has fallen in Russia
Were only a little
Since the young Pushkin
Assassinated on the orders of the Czar
On the outskirts of Saint Petersburg
Said his farewell to life saying
A
       little
              snow
                     is
                            starting
                                   to
                                          fall
                                                 again
As if all the snow that has fallen in Russia
As if all the blood that has fallen in Russia
Were only a little
Since the young Pushkin
Assassinated on the orders of the Czar
On the outskirts of Saint Petersburg
Said his farewell to life saying

Empieza

   a

      caer

        otro

          poco

            de

              nieve . . .

CRONOS

A Patricia Rachal

En Santiago de Chile
Los días son interminablemente largos:
Varias eternidades en un día.

Se desplazan a lomo de mula:
Como los vendedores de cochayuyo
Se bosteza. Se vuelve a bostezar.

Sin embargo las semanas son cortas
Los meses pasan a toda carrera
Y los años parece que volaran.

A
　　little
　　　　snow
　　　　　　is
　　　　　　　　starting
　　　　　　　　　　to
　　　　　　　　　　　　fall
　　　　　　　　　　　　　　again. . . .

　　[M.W.]

CHRONOS
to Patricia Rachal

In Santiago, Chile
The days are interminably long:
Several eternities in a day.

Like the vendors of seaweed
Traveling on the backs of mules:
You yawn—you yawn again.

Yet the weeks are short
The months go racing by
And the years have wings.

　　[M.W.]

MENDIGO

En la ciudad no se puede vivir
Sin tener un oficio conocido:
La policía hace cumplir la ley.

Algunos son soldados
Que derraman su sangre por la patria
(Esto va entre comillas)
Otros son comerciantes astutos
Que le quitan un gramo
O dos o tres al kilo de ciruelas.

Y los de más allá son sacerdotes
Que se pasean con un libro en la mano.

Cada uno conoce su negocio.

Y cuál creen ustedes que es el mío?
Cantar, mirando las ventanas cerradas
Para ver si se abren
Y
    me
       dejan
          caer
             una
                moneda.

BEGGAR

You can't live in the city
Without obvious means of support:
The police enforce the law.

Some are soldiers
Who shed their blood for their country.
(This goes in quotes)
Others are sly businessmen
Who cut a gram
Or two or three from a kilo of plums.

And the others there are priests
Who walk around with a book in their hands.

Each one of them knows his business.

And what do you think mine is?
Singing, looking in the closed windows
To see if they will open them
And

     toss

        me

           down

              a

                  coin.

[M.W.]

PAN CALIENTE

Me llama la atención
El siguiente fenómeno
Para nosotros completamente desconocido:
Una cola de cien metros de largo
Cerca del Metropol
A pesar de los grados bajo cero.

Dentro de sus enormes abrigos
Y de sus densos gorros de pieles
Que sólo dejan libres la nariz y los ojos
Todos los moscovitas
Parecen buzos interplanetarios
O cosmonautas del fondo del mar.

Me cuesta abrirme paso
Para llegar al núcleo
De ese cometa de seres humanos.

Describo lo que veo:
Una mujer ni vieja ni joven
Entrada en carnes como todas las rusas
Seguramente madre varias veces
Con la cabeza envuelta en un pañuelo
Rojo de listas verdes y amarillas.

Y qué creen ustedes que vende
Esa mujer heroica
En pleno mes de enero
En su pequeño bar improvisado
Sin importarle la nieve que cae.

Pan caliente,
        verdad?:

Una antología de poetas chilenos
Traducidos por Margarita Aliguer.

HOT CAKES

The following phenomenon
So far as we are concerned completely unknown
Attracts my attention:
A line of people a hundred yards long
Near the Hotel Metropol
In spite of the sub-zero weather.

Inside their enormous overcoats
And their heavy fur caps
That only leave the nose and eyes free
All the Muscovites
Look like interplanetary divers
Or cosmonauts from the bottom of the sea.

I barely manage to clear a way
To the nucleus
Of that comet of human beings.

I describe what I see:
A woman neither old nor young
Advanced in flesh like all Russian women.
Surely a mother several times
With her head wrapped in a shawl
Red with yellow and green stripes.

And what do you think she is selling
That heroic woman
Here in the middle of January
At her improvised sidewalk counter
Paying no attention to the snow?

Hot cakes.
          Right?

An anthology of Chilean poetry
Translated by Margarita Aliguer.

   [M.W.]

RITOS

Cada vez que regreso
A mi país
    después de un viaje largo
Lo primero que hago
Es preguntar por los que se murieron:
Todo hombre es un héroe
Por el sencillo hecho de morir
Y los héroes son nuestros maestros.

Y en segundo lugar,
    por los heridos.
Sólo después,
    no antes de cumplir
Este pequeno rito funerario
Me considero con derecho a la vida:
Cierro los ojos para ver mejor
Y canto con rencor
Una canción de comienzos de siglo.

RITES

Every time I go back
To my country
          after a long trip
The first thing I do
Is ask about those who have died:
All men are heroes
By the simple act of dying
And the heroes are our teachers.

And second,
          about the wounded.

Only later,
          when the small ritual is complete
Do I claim for myself the right to life:
I drink, I eat, I rest
I close my eyes to see more clearly
And I sing with rancor
A song from the turn of the century.

     [M.W.]

NADIE

No se puede dormir
Alguien anda moviendo las cortinas.
Me levanto. No hay nadie.
Probablemente rayos de la luna.

Mañana hay que levantarse temprano
Y no se puede conciliar el sueño:
Parece que alguien golpeara a la puerta.

Me levanto de nuevo.
Abro de par en par:
El aire me da de lleno en la cara
Pero la calle está completamente vacía.

Sólo se ven las hileras de álamos
Que se mueven al ritmo del viento.

Ahora sí que hay que quedarse dormido.
Sorbo la última gota de vino
Que todavía reluce en la copa
Acomodo las sábanas
Y doy una última mirada al reloj
Pero oigo sollozos de mujer
Abandonada por delitos de amor
En el momento de cerrar los ojos.

Esta vez no me voy a levantar
Estoy exhausto de tanto sollozo.
Ahora cesan todos los ruidos.
Sólo se oyen las olas del mar
Como si fueran los pasos de alguien
Que se acerca a nuestra choza desmantelada
Y no termina nunca de llegar.

NOBODY

I can't get to sleep
Someone is making the curtains move.
I get up. There's nobody there.
Probably the moonlight.

Tomorrow I have to get up early
And I can't get to sleep:
I have the feeling someone's knocking at the door.

I get up again.
I throw it wide open:
The air hits me full in the face.
But the street is completely empty.

All I can see are the rows of poplars
Swaying in the wind's rhythm.

This time I've got to stay asleep
I gulp the last drop of wine
Still glittering in the glass.
I straighten the sheets
I give a last glance at the clock
But I hear the sobs of a woman
Just as I close my eyes.

This time I'm not going to get up.
I'm exhausted from so much sobbing.
Now all the noise stops.
I hear only the waves of the sea
As if they were the steps of someone
Who comes toward our dilapidated cottage
And never stops coming.

[M.W.]

Poems from
Ejercicios Respiratorios
(1964 – 1966)

MANCHAS EN LA PARED

Antes que caiga la noche total
Estudiaremos las manchas en la pared:
Unas parecen plantas
Otras simulan animales mitológicos.

Hipógrifos,
    dragones,
        salamandras.

Pero las más misteriosas de todas
Son las que parecen explosiones atómicas.

En el cinematógrafo de la pared
El alma ve lo que el cuerpo no ve:
Hombres arrodillados
Madres con criaturas en los brazos
Monumentos ecuestres
Sacerdotes que levantan la hostia:

Organos genitales que se juntan.

Pero las más extraordinarias de todas
Son
    sin lugar a duda
Las que parecen explosiones atómicas.

STAINS ON THE WALL

Before the night falls completely over us

Let's study the stains on the wall:
Some appear to be plants
Others look like mythological animals.

Hippogriphs,
        dragons,
                salamanders.

But the most extraordinary of all
Are those that seem to be atomic explosions.

In the cinematography of the wall
The soul sees what the body does not:

Kneeling men
Mothers with creatures in their arms
Statues on horseback
Priests lifting the host
Genitalia coming together.

But the most mysterious of all
Beyond a doubt
Are those that seem to be atomic explosions.

[M.W.]

ACTA DE INDEPENDENCIA

Independientemente
De los designios de la Iglesia Católica
Me declaro país independiente.

A los cincuentayun años de edad
Un ciudadano tiene perfecto derecho
A rebelarse contra la Iglesia Católica.

Que me trague la tierra si miento.

La verdad es que me siento feliz
A la sombra de estos aromos en flor
Hechos a la medida de mi cuerpo
Extraordinariamente feliz
A la luz de estas mariposas fosforescentes
Que parecen cortadas con tijeras
Hechas a la medida de mi alma.

Que me perdone el Comité Central.

En Santiago de Chile
A veintinueve de noviembre
Del año milnovecientos sesenta y cinco.

ACT OF INDEPENDENCE

Independently
Of the designs of the Catholic Church
I declare myself an independent country.

A citizen of fifty-one has the right
To rebel against the Catholic Church.

Let the land swallow me if I lie.

The truth of the matter is I feel happy
In the shade of this flowering mimosa
Fashioned to the shape of my body
Extraordinarily happy
In the light of these phosphorescent butterflies
That seem to have been cut with scissors
To the size of my soul.

May the Central Committee forgive me.

In Santiago, Chile
November the twenty-ninth
Of the year nineteen hundred and sixty-five.

[M.W.]

CONSULTORIO SENTIMENTAL

Caballero de buena voluntad
Apto para trabajos personales
Ofrécese para cuidar señorita de noche
Gratis
     sin compromisos de ninguna especie
A condición de que sea realmente de noche.

Seriedad absoluta.
Disposición a contraer matrimonio
Siempre que la señorita sepa mover las caderas.

ME DEFINO COMO HOMBRE RAZONABLE

Me defino como hombre razonable
No como profesor iluminado
Ni como vate que lo sabe todo.

Claro que a veces me sorprendo jugando
El papel de galán incandescente
(Porque no soy un santo de madera)
Pero no me defino como tal.

Soy un modesto padre de familia
Un fierabrás que paga sus impuestos.

Ni Nerón ni Calígula:
Un sacristán
    un hombre del montón
Un aprendiz de santo de madera.

LONELYHEARTS

A gentleman of good will
Gifted in the personal services
Is available to care for ladies at night
But it must be at night.

Free
   without obligation
Completely responsible
Disposed to matrimony
Provided a lady knows how to move her hips.

 [M.W.]

I CALL MYSELF A REASONABLE MAN

I call myself a reasonable man,
Not an enlightened professor
Nor a bard who knows everything.

Sometimes of course I surprise myself
Playing the role of an incandescent lover
(Because I am not a wooden saint)
But that isn't the way I think of myself.

I am a modest family man
A beast of prey who pays his taxes.

Not Nero, not Caligula:
An altar boy, a man of the crowd,
An apprentice to a wooden saint.

 [M.W.]

PENSAMIENTOS

Qué es el hombre
        se pregunta Pascal:
Una potencia de exponente cero.
Nada
      si se compara con el todo
Todo
      si se compara con la nada:
Nacimiento más muerte:
Ruido multiplicado por silencio:
Medio aritmético entre el todo y la nada.

THOUGHTS

What
      Pascal asked himself
                      is man:
A number raised to the zero power.
Nothing
      compared to the whole
The whole
      compared to nothing:
Birth plus death:
Noise multiplied by silence:
The arithmetical mean between all and nothing.

[M.W.]

EN EL CEMENTERIO

Este es el cementerio
    Ve como van llegando las carrozas?
En Santiago de Chile
Nosotros tenemos dos cementerios
Este es el Cementerio General,
El otro es el Cementerio Católico.
Tome nota de todo lo que ve.
Mire por esa reja:
Esas cajas se llaman ataúdes
Los ataúdes blancos
Son para los cadáveres de niños
    Reconoce esos árboles obscuros?
—Si no me equivoco se llaman cipreces.
—Perfectamente bien:
Esos árboles negros son cipreces.
—Qué le parecen los nichos perpetuos?
—Qué es un nicho perpetuo?
—Como que qué es un nicho perpetuo?
Lo contrario de nicho temporal.
Este es nicho perpetuo,
Esos otros son nichos temporales.
Ahí viene llegando otra carroza.
Mire como descargan las coronas
Si desea podemos acercarnos.
Esa mujer cubierta con un velo
Tiene que ser la viuda del difunto:
Mírela como llora amargamente.
Las mujeres nerviosas
No deberían ir a los entierros:
Mírela como llora amargamente.
Mire como se mesa los cabellos,
    Ve como se retuerce de dolor?
Vamos ahora a ver los mausoleos.
    Le gustaría ver los mausoleos?
—Yo no sé lo que son los mausoleos.

IN THE CEMETERY

This is the cemetery
See how the hearses are coming?
In Santiago, Chile
We have two cemeteries
This is the Public Cemetery
The other is the Catholic Cemetery.
Take notes of everything you see.
Look through this railing:
Those chests are called coffins.
The white coffins
Are for the bodies of children.
Do you recognize those dark trees?
—If I'm not mistaken they call them cypress.
—You are perfectly right:
Those black trees are cypress.
—What do you think of the perpetual niches?
—What's a perpetual niche?
—What do you mean what's a perpetual niche?
The opposite of a temporary niche.
This is a perpetual niche.
These others are temporary niches.
Here comes another hearse.
Look at them unloading the wreaths
If you like we can move closer.
That woman with the veil
Must be the widow:
Look how bitterly she cries.
Nervous women
Should not attend burials:
Look how bitterly she cries.
Look how she tears her hair.
See how she writhes in pain?
Now we're going to see the mausoleums
Would you like to see them?
—I don't know what mausoleums are.

—Yo se los mostraré
Pero tenemos que andar más ligero,
En este mes obscurece temprano.
Para no perder tiempo
Haga el favor de repetir la frase
Esos árboles negros son cipreces.
—Esos árboles negros son cipreces.
Tiene que repetirla varias veces
Hasta que se la aprenda de memoria.
—Esos árboles negros son cipreses.
—No pronuncien la ce,
Los españoles pronuncian la ce,
Recuerde que está en Chile:
No pronuncie la zeta ni la ce.
Bueno, volvamos a nuestra lección:
Esas pequeñas casas
Son las habitaciones de los muertos.
En español se llaman mausoleos.
Unos parecen kioskos
Otros parecen puestos de revistas.
—Pareciera que fuesen
Casas para jugar a las muñecas,
Pero son los palacios de los muertos.
Mire esas nubes negras.
Debemos retirarnos
Antes que se nos haga más de noche:
El cementerio lo cierran temprano.

—I know. I'll show you if you like
But we'll have to move along
This month it gets dark early.
So we don't waste time
Would you please repeat what you said:
—Those black trees are cypress.
—Those black trees are cypress.
You'll have to say it several times
Until you learn it by heart.
—Those black trees are cypress.
—Don't pronounce the C.
The Spanish pronounce the C.
Remember, you're in Chile:
Don't pronounce the Z or the C.
Good, let's get back to the lesson:
Those little houses
Are the habitations of the dead.
In Spanish they are called *mausoleos.*
Some are like hot-dog stands
Others are like newsstands
—They might look like doll houses
But they are the palaces of the dead.
Look at those black clouds.
We have to leave
Before it gets dark:
The cemetery closes early.

[M.W.]

JOVENES

Escriban lo que quieran.
En el estilo que les parezca mejor.
Ha pasado demasiada sangre bajo los puentes
Para seguir creyendo
Que sólo se puede seguir un camino.

En poesía se permite todo.

A condición expresa
        por cierto
De superar la página en blanco.

PONCHARTRAIN CAUSEWAY

Perdón
        lo siento muchísimo
No tengo nada que hacer con estos puentes inolvidables
Reconozco que son largos
            ¿Infinitos?
                O.K.: Infinitos
Pero no es mucho lo que tengo que hacer yo con estos
            crepúsculos maravillosos
Gracias por los sánguches y las cocacolas
Gracias por las buenas intenciones
Y también por las malas
Mi estómago está de fiesta
¿Oyen la sonajera de tripas?
Mientras no se demuestre lo contrario
Seguiré llamándome como me llamo.

YOUNG POETS

Write as you will
In whatever style you like
Too much blood has run under the bridge
To go on believing
That only one road is right.

In poetry everything is permitted.

With only this condition, of course:
You have to improve on the blank page.

[M.W.]

PONCHARTRAIN CAUSEWAY

Excuse me, I am extremely sorry
I have nothing to do with these unforgettable bridges
I admit they are long. Infinite? O.K., infinite
But I have very little to do with these beautiful sunsets.
Thank you for the sandwiches and the Cokes
Thank you for the good intentions
(And also the bad ones)
My stomach is full of joy:
Can't you hear the thundering of the guts?
As long as there is nobody to prove the contrary
I will go on calling myself myself.

[P.R.]

TEST

Qué es un antipoeta
Un comerciante en urnas y ataúdes?
Un general que duda de sí mismo?
Un sacerdote que no cree en nada?
Un vagabundo que se ríe de todo
Hasta de la vejez y de la muerte?
Un interlocutor de mal carácter?
Un bailarín al borde del abismo?
Un narciso que ama a todo el mundo?
Un bromista sangriento
Deliberadamente miserable?
Un poeta que duerme en una silla?
Un alquimista de los tiempos modernos?
Un revolucionario de bolsillo?
Un pequeño burgués?
Un charlatan?
       un dios?
           un inocente?
Un aldeano de Santiago de Chile?
Subraye la frase que considere correcta.

Qué es la antipoesía
Un temporal en una taza de té?
Una mancha de nieve en una roca?
Un azafate lleno de excrementos humanos
Como lo cree el padre Salvatierra?
Un espejo que dice la verdad?
Una mujer con las piernas abiertas?
Un bofeton al rostro
Del presidente de la Sociedad de Escritores?
(Dios lo tenga en su santo reino)
Una advertencia a los poetas jóvenes?

TEST

What is an antipoet

A dealer in urns and coffins?
A general doubting himself?
A priest who believes in nothing?
A tramp laughing at everything
        even old age and death?
An ill-tempered talker?
A dancer on the edge of the abyss?
A Narcissus in love with the whole world?
A bloody joker
        willfully wretched?
A poet who sleeps in a chair?
An up-to-date alchemist?
A revolutionary of the living room?
A *petit-bourgeois*?
A charlatan?
        A god?
                An innocent?
A peasant of Santiago, Chile?
Underline the sentence that you consider correct.

What is antipoetry?
A tempest in a teacup?
A spot of snow on a rock?
A salad bowl full of human excrement
        as the Franciscan Father believes?
A mirror that tells the truth?
A woman with her legs open?
A punch in the nose
        of the president of the Writers' Society?
(May God save his soul)
A warning to the young poets?

Un ataúd a chorro?
Un ataúd a fuerza centrífuga?
Un ataúd a gas de parafina?
Una capilla ardiente sin difunto?
Marque con una cruz
La definición que considere correcta.

PADRE NUESTRO

Padre nuestro que estás en el cielo
Lleno de toda clase de problemas
Con el ceño fruncido
Como si fueras un hombre vulgar y corriente
No piense más en nosotros.

Comprendemos que sufres
Porque no puedes arreglar las cosas.

Sabemos que el Demonio no te deja tranquilo
Desconstruyendo lo que tú construyes.

El se ríe de ti
Pero nostros lloramos contigo.

Padre nuestro que estás donde estás
Rodeado de ángeles desleales
Sinceramente
       no sufras más por nosotros
Tienes que darte cuenta
De que los dioses no son infalibles
Y que nosotros perdonamos todo.

A jet-propelled coffin?
A coffin run by centrifugal force?
A kerosene coffin?
A funeral home without a body?
Put an X beside the definition you consider correct.

[M.W.]

LORD'S PRAYER

Our Father which art in heaven
Full of all manner of problems
With a wrinkled brow
(As if you were a common everyday man)
Think no more of us.

We understand that you suffer
Because you can't put everything in order.

We know the Demon will not leave you alone
Tearing down everything you build.

He laughs at you
But we weep with you:
Don't pay any attention to his devilish laughter.

Our Father who art where thou art
Surrounded by unfaithful Angels
Sincerely don't suffer any more for us
You must take into account
That the gods are not infallible
And that we have come to forgive everything.

[M.W.]

147

ME RETRACTO DE TODO LO DICHO

Antes de despedirme
Tengo derecho a un último deseo:
Generoso lector
      quema este libro
No representa lo que quise decir
A pesar de que fue escrito con sangre
No representa lo que quise decir.

Mi situación no puede ser más triste
Fui derrotado por mi propia sombra:
Las palabras se vengaron de mí.

Perdóname lector
Amistoso lector
Que no me pueda despedir de ti
Con un abrazo fiel:
Me despido de ti
Con una triste sonrisa forzada.

Puede que yo no sea más que eso
Pero oye mi última palabra:
Me retracto de todo lo dicho.
Con la mayor amargura del mundo
Me retracto de todo lo que he dicho.

Before I go
I'm supposed to get a last wish:
Generous reader
            burn this book
It's not at all what I wanted to say
In spite of the fact that it was written with blood
It's not what I wanted to say.

No lot could be sadder than mine
I was defeated by my own shadow:
The words take vengeance against me.

Forgive me, reader, good reader
If I cannot leave you
With a faithful gesture. I leave you
With a forced and sad smile.

Maybe that's all I am
But listen to my last word:
I take back everything I've said.
With the greatest bitterness in the world
I take back everything I've said.

    [M.W.]